U0655297

创新型职业教育精品教材

"互联网+教育"新形态教材

青春飞扬 技能闪耀

——职业规划与就业创业指导

主 编 马永军 李贞权 强 劲

江苏大学出版社
JIANGSU UNIVERSITY PRESS

镇 江

内 容 提 要

　　本书结合当代职校生的特点及其面临的困惑，系统地介绍了职业生涯规划及就业与创业的相关知识，并有针对性地提出了具体行动建议。全书分为三个部分，第一部分为职业规划，内容包括职业生涯规划概述、自我认知、职业决策、职业素养的培养；第二部分为就业指导，内容包括就业信息准备、求职准备、求职择业的方式和技巧、职业角色转换；第三部分为创业指导，内容包括创新与创业、创业团队建设、创业资源整合、创业计划书。

　　本书体例新颖、结构合理，集实用性、指导性、操作性于一体。本书既可作为职业院校职业规划与就业创业指导课程的教材，也可作为广大社会待岗人员求职择业的参考读物。

图书在版编目（ＣＩＰ）数据

　　青春飞扬　技能闪耀 ：职业规划与就业创业指导 /
马永军，李贞权，强劲主编. -- 镇江 ：江苏大学出版社，
2019.7（2021.8 重印）
　　ISBN 978-7-5684-1164-6

　　Ⅰ. ①青… Ⅱ. ①马… ②李… ③强… Ⅲ. ①职业选
择－职业教育－教材 Ⅳ. ①G717.38

　　中国版本图书馆 CIP 数据核字(2019)第 164842 号

青春飞扬 技能闪耀——职业规划与就业创业指导
Qingchun Feiyang Jineng Shanyao——Zhiye Guihua yu Jiuye Chuangye Zhidao

主　　编 / 马永军　李贞权　强　劲
责任编辑 / 吴小娟
出版发行 / 江苏大学出版社
地　　址 / 江苏省镇江市梦溪园巷 30 号（邮编：212003）
电　　话 / 0511-84446464（传真）
网　　址 / http://press.ujs.edu.cn
排　　版 / 北京谊兴印刷有限公司
印　　刷 / 北京谊兴印刷有限公司
开　　本 / 787 mm×1 092 mm　1/16
印　　张 / 8.5
字　　数 / 196 千字
版　　次 / 2019 年 7 月第 1 版
印　　次 / 2021 年 8 月第 2 次印刷
书　　号 / ISBN 978-7-5684-1164-6
定　　价 / 29.80 元

如有印装质量问题请与本社营销部联系（电话：0511-84440882）

常言道："凡事预则立，不预则废。"对学生来讲，做好自己的职业生涯规划和接受有效的就业与创业指导是非常必要的。本书结合当代职校生的特点及其面临的困惑，系统地介绍了职业生涯规划及就业与创业的相关知识，并且有针对性地提出了具体行动建议。

本书分为三个部分：第一部分为职业规划，内容包括职业生涯规划概述、自我认知、职业决策、职业素养的培养；第二部分为就业指导，内容包括就业信息准备、求职准备、求职择业的方式和技巧、职业角色转换；第三部分为创业指导，内容包括创新与创业、创业团队建设、创业资源整合、创业计划书。相信本书不仅可以帮助学生很好地进行职业生涯规划，实现自己的职业理想，还能帮助大家更深入地认识自己、了解社会。

编者在书中汇集了自己的教学经验，使教材具有很强的实用性、指导性与操作性，具体表现如下。

1. 体例新颖，可读性强

本书依据"行动导向法""情景式探索活动法"等教学方法设计体例，每个模块都包括以下内容：

➢　**引导案例**：以典型案例入手，激发学生的学习兴趣。

➢　**知识链接**：重点讲解相关的理论知识。同时，配以"知识拓展""案例阅读""课堂互动"等模块及大量精美图片，便于学生学习和理解。

➢　**拓展延伸**：立足于本模块的基础理论知识，增加课外知识，以拓宽学生的视野。

➢　**探索活动**：根据所讲解的内容安排各种活动，让学生在活动中感悟和体会，不断提升自己的职业能力。活动内容丰富、形式多样，包括小组讨论、情景模拟等。

➢　**能力训练**：通过形式丰富的练习题，帮助学生巩固所学知识，培养学生的职业规划技能及就业与创业技能。

2. 结构合理，内容实用

本书编者系多年从事职业生涯规划及就业与创业教育的一线教师，有着深厚的理论基础和丰富的实践经验，这从根本上保证了本书的系统性和实用性。本书结构编排合理，内容深入浅出，具有较高的实用价值和较强的指导性。

3. 随扫随看，"码"上学习

本书配置了"二维码"立体化学习资源，学生只需拿起智能手机"扫一扫"，就可以观看相关微课视频，有利于学生更好地理解内容，增强学习的趣味性。

　　本书由马永军、李贞权、强劲担任主编，苏斌、彭铁山、汪清波、刘京忠、贺辉、王秀琴担任副主编，游海涛参与编写。在编写过程中，我们参考了大量的文献资料和网络资料。在此，我们向这些资料的作者表示诚挚的谢意。由于编写时间仓促，编者水平有限，书中疏漏与不当之处在所难免，敬请广大读者批评指正。

本书编委会

主　编　马永军　李贞权　强　劲

副主编　苏　斌　彭铁山　汪清波

　　　　刘京忠　贺　辉　王秀琴

参　编　游海涛

目录
MULU

第一部分　职业规划

第三部分　创业指导

第一部分
职业规划

职业生涯规划概述

引导案例

职业生涯规划指引我走向成功

小张是某职业学校电气专业的毕业生，在校成绩优异，他的梦想是开一家电器维修中心。但现实离梦想越来越远，万般无奈之下，他回到母校，向他的班主任李老师求救。

小张告诉李老师："毕业后，我满怀信心地走向社会，做的第一份工作竟然是推销员。专业不对口，整天忙忙碌碌，一个月才挣 800 元，半年不到我就辞职了。后来我在家人的帮助下找到了一份电工的工作，由于专业对口，工作起来得心应手，收入也迅速提高。一开始我自己也挺满意，但想起自己的梦想，还是不甘心，于是我又辞去了工作。半年来，我一直在找工作，可哪份工作都不合适。我该怎么办啊？"

李老师耐心地倾听小张诉说，并帮助小张分析他的现状和条件，为他进行了职业生涯规划，使他对自己的职业生涯有了充分的认识。半个月后，小张到一家电器公司做维修工，虽然工资不高，但可以积累电器维修经验。

几年来，小张在工作中不断学习，电器维修技能越来越娴熟。前不久，在父母的帮助下，小张注册了一家小型电器维修公司，兼营小家电零售业务，终于实现了自己的职业理想。

知识链接

一、职业生涯的相关概念

（一）职业

职业是指人们为获取主要生活来源和满足社会需求而从事的相对稳定的、有经济收入的、具有一定社会职能的社会劳动。它是人们的生活方式、经济状况、文化水平、行为模式、思想情操及社会身份的综合反映，也是一个人权利、义务、职责的具体表现。

课堂互动

请判断以下活动是否是职业活动：
（1）小赵整天无所事事，以偷盗为生。
（2）小毕是某职业学校二年级的学生，利用节假日在商场当售货员。
（3）小魏喜欢打篮球，这周除正常上课以外，参加了四次篮球比赛。

（二）职业生涯

职业生涯是指一个人一生中职业发展、职位变迁及职业理想实现的过程。简单地说，职业生涯就是一个人一生的职业经历。

（三）职业生涯规划

职业生涯规划是指在对职业生涯的主客观条件进行测定、分析、总结的基础上，对自己的兴趣、爱好、能力、价值观、职业素质等进行综合分析与权衡，确定最佳的职业奋斗目标，并为实现这一目标做出行之有效的安排。简单地说，职业生涯规划就是规划从开始工作到退休的整个职业历程。

二、影响职业生涯规划的因素

影响职业生涯规划的因素有很多，如个人因素、教育因素、家庭因素、机会因素等。

（一）个人因素

个人因素是进行职业生涯规划首先要考虑的因素，包括个性特征、职业兴趣、性别等。

1. 个性特征

不同个性特征的人适合不同类别的工作。例如，性格外向的人比较适合做管理人员、记者、导游等，而不适合做单调的机械工作。如果做不符合自己个性特征的工作，就会觉得自己的活力被束缚，思想被禁锢。

2. 职业兴趣

职业兴趣是指与职业选择有关的兴趣，不同职业兴趣的人应该选择不同的职业。例如，喜欢操作性工作的人可以从事工程师、技术员、机械操作工、木工、电工等职业；乐于创造新颖的、与众不同的艺术成果的人，可以从事演员、节目主持人、摄影家等职业。

3. 性别

性别因素在职业发展中扮演着重要角色。用人单位普遍认为，婚姻会导致女性业绩下降，男性在婚后业绩反而会上升。因此，职校生（尤其是女生）规划自己的职业生涯时，不可忽视性别差异。

（二）教育因素

职校生都经过了较长时间的专业教育和训练，具有一定的专业知识和技能，这是优势所在，也是职校生进行职业生涯规划的基本依据。

用人单位一般会首先选择具有专业特长的学生，而职校生迈入社会后的贡献也主要靠所学的专业知识来实现。如果职业生涯规划离开了所学专业，无形当中就为自己的就业增加了许多困难。

（三）家庭因素

家庭对学生的职业生涯规划具有重要影响。例如，父母的职业决定了孩子的成长环境，"子承父业"的现象并不鲜见；父母的价值观、人生观、教育方式和一言一行都会转化为孩子的价值标准；家庭的经济条件关系到子女职业能力和学习能力的提高，富裕的家庭可以在教育方面为子女提供很多资源，而贫困的家庭可能使孩子中途辍学；父母的社会地位与社会关系往往会影响子女的就业途径；父母对子女成功成才的不同期待，会影响子女对职业的不同选择等。

（四）机会因素

机会也称机遇，是随机出现且稍纵即逝的，对个体的发展有着积极的作用。机会通常表现为一个难得的职业、一个合适的岗位等，只有善于抓住机会、把握机会的人，才能拥有更多的有利发展机会，才有可能发现和创造更多的新机会。

三、职业生涯规划的步骤

职业生涯规划是个周而复始的连续过程。一般认为，职业生涯规划主要包括以下几个步骤。

（一）自我评估

自我评估就是对自己进行全面分析，通过自我分析认识自己、了解自己，因为只有认识了自己，明确了自己的长处，才能正确选择自己要从事的职业，才能选定适合自己发展的职业生涯路线。

自我评估包括对自己的兴趣、性格和能力进行评估，也就是"知己"。弄清"我是谁"，是进行职业生涯规划的基础，也是职业生涯规划的难关。认识自己是一件很困难的事，尤其是能认识自己的短处则更加困难，不能准确地认识自己的长处、短处，不能"兴其利，改其弊"，也就无法实现自己的职业目标。

不恰当的自我评估包括过高的评估和过低的评估。过高的评估往往会使自己脱离现实，意识不到自己的缺点，甚至自傲狂妄，由自信走向自负；过低的自我评估往往使个体忽视自己的长处，缺乏自信，过于自卑。过高或过低的自我评估，对自己都是不公正的。在对自己进行评估时，既要看到好的一面，又要看到不足的一面；既要对某一方面的特殊素质进行具体评估，又要对其他各方面的整体素质进行综合评估；既要考虑全面的整体因素，又要考虑其中占主导地位的重点因素。反之，任何一种片面、孤立、不分主次的自我评估，都不可能全面而准确地认识自己的整体素质状况。

在进行自我评估时，只有以客观事实为基础和依据，才有可能使自我评估趋于客观、真实。此外，还应以发展、变化的眼光看待自己，不仅对自己的现实素质做出适当、全面、客观的评估，而且应当着眼于未来的发展变化，预见性地评估自己将来的发展潜力。

（二）环境分析

每个人的人生目标都是在符合社会环境要求的前提下才能得以实现的。职校生要从分析家庭、社会环境和职业社会的需求出发，了解市场、行业发展趋势，认清环境为自己带来的有利与不利条件。例如，政治风云、经济兴衰、科学文化潮流、社会时尚，乃至自然灾害、饥荒、瘟疫等，无疑都深刻地影响着我们的职业生涯规划。只有对这些环境因素进行充分了解和深刻分析，才能做到在复杂的环境中避害趋利，使职业生涯规划具有实际意义。

（三）确定目标

职业生涯目标是个人对未来职业生活的构想和规划。职校生应当确立明确的职业生涯目标，即明确自己毕业后准备从事什么行业、什么职业。当然，任何人的职业理想都要受到社会环境和社会现实的影响和制约，因此，在确定职业生涯目标时，应当以社会发展的需求为客观依据，以自己的兴趣爱好和能力为主观依据。

在初步确定了自己的职业生涯目标之后，为了使目标具有可行性，可以设计一个相对长期的目标，在具体的学校生涯中，需要对长期目标进行分解，细化成中短期目标，这样才能够有针对性地逐步实现自己的长期目标。

（四）选择职业生涯路线

职业生涯路线是指一个人选定职业后如何实现自己的职业目标。在职业发展道路中，每个人都有适合自身发展的路径，但彼此各不相同。我们可以选择不同的行业，在同一行业里也可以选择不同的企业，在同一企业里还可以选择不同的岗位和职位。同时，在职业发展道路中还有行政管理路线和专业技术路线两种发展方向可供选择。由于发展路线互不相同，因此在职业生涯规划中，我们必须做出选择，以便使自己的学习、生活和工作沿着预定的方向前进。在选择职业生涯路线时，可以根据志向取向、能力取向和机会取向三个方面进行选择，如图 1-1-1 所示。

（五）职业生涯规划的实施

"千里之行，始于足下。"制订的规划再好，如果不实施，也是不可能实现既定目标的。这里所说的"实施"就是将实现成目标的具体措施付诸行动，对职校生来说，主要包括学习、社会实践、技能培训等。例如，具体学习哪些技能、怎样提高能力、如何开发自己的潜能等，为将来走上工作岗位、实现自己的目标奠定坚实的基础。

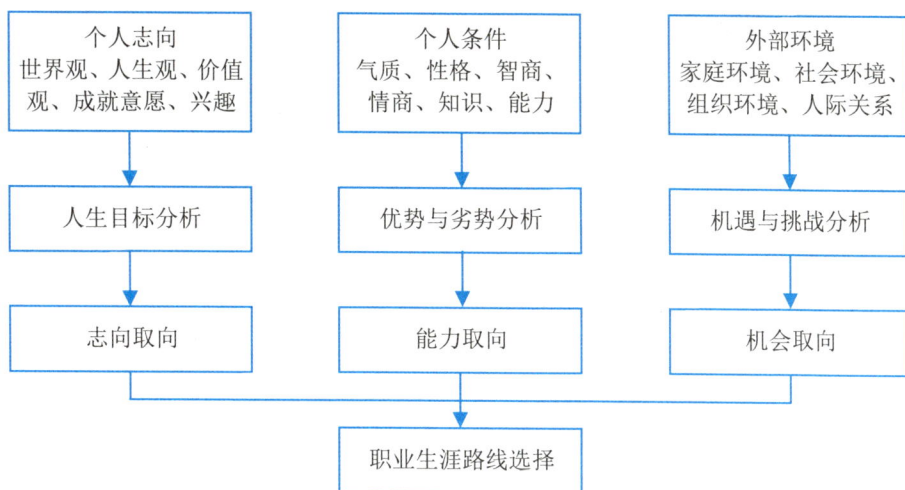

图 1-1-1 职业生涯路线选择图

（六）反馈与修正

社会环境的巨大变化和一些不确定因素的存在，会使我们与原来制订的职业生涯规划有所偏差，这就需要对规划进行修正和适当的调整，以更好地符合自身发展和社会发展的需要。

反馈与修正过程是个人对自己不断认识的过程，也是对社会不断认识的过程，是使职业生涯规划更加有效的有力手段。其内容主要包括以下几个方面：

（1）重新分析自我条件，即在实践的基础上重新认识自己、分析自己，找到自己的优势与不足。

（2）重新评估生涯机会，即结合现实的组织环境和社会、经济环境，分析自己未来发展的空间及可能性。

（3）修正职业生涯目标，即根据实际情况，重新思考与确定自己的人生与职业发展目标，使其更加切合自己的情况，更加有利于自己的发展。

（4）调整生涯发展策略，即根据新的情况和目标，重新制订和调整生涯发展策略，强化自己的优势，弥补自己的不足。

（5）积极落实新的生涯规划方案，使之进入一个新的规划、实施、反馈与修正周期。

四、职业生涯规划的意义

对职校生来说，职业生涯规划的意义主要体现在以下几方面：

首先，通过职业生涯规划可以充分认识自我，不断提升自我。在进行职业生涯规划时，人们会对自己进行评估，正确认识自己在个性、能力和兴趣等方面的优势和劣势。在对自己的优势和劣势进行对比分析后，确定目标，并且为了实现目标而不断努力，不断地在各个方面提升自我。

职业生涯规划助她成长

其次，职业生涯规划能够使自己的奋斗目标更明确，同时增强自身发展的目的性与计划性。职业生涯规划是在充分认识自我和对外界环境进行评估的基础上做出的职业选择。有了职业目标和职业方向，也就确定了自己的奋斗方向，从而使自己的活动具有很强的方向性。

最后，职业生涯规划可以激发一个人的潜能，增加成功的概率。一个人有了自己的奋斗目标，也就有了前进的动力。在目标的指引下，人们往往会唤醒自己的潜能，爆发出惊人的力量。

案例阅读

小强在初中时成绩特别差，但他有一个爱好——做菜。上职业学校时，他毫不犹豫地选择了烹饪专业。从不喜欢上课的他下定决心要努力学习烹饪，他对刀工、炒菜、配料、调酒等很感兴趣，并抓紧时间练习这些基本功，因为他有一个梦想——有朝一日成为知名厨师。

他用行动实践着自己的梦想，中职二年级时就考取了特级厨师证，还练就了一手绝妙的调酒手艺。一次，各界的企业老总来小强的学校参观，小强调出的色香味俱全的鸡尾酒让老总们赞不绝口，他当即就被一家五星级酒店看中。两年后，小强去了美国一家酒店工作。如今，他不但成为国内知名的厨师，还走向了世界，曾经的梦想终于变成了现实。

点评：了解自己，明确自己的爱好与优势，并趁早规划自己的职业生涯，对自己的成长成才起着非常重要的作用。

拓展延伸

我国的职业分类

《中华人民共和国职业分类大典》是我国第一部对职业进行科学分类的权威性文献。我国第一部《中华人民共和国职业分类大典》颁布于 1999 年。近年来，由于经济社会的不断发展，我国社会的职业构成发生了很大变化。为适应发展需要，2015 年版《中华人民共和国职业分类大典》将我国职业划分为 8 个大类、75 个中类、434 个小类、1 481 个职业，如表 1-1-1 所示。

表 1-1-1　我国职业分类表

大类	中类	职业描述
党的机关、国家机关、群众团体和社会组织、企事业单位负责人	中国共产党机关负责人	在中国共产党机关，国家机关，民主党派和工商联，人民团体和群众团体、社会组织及其工作机构，基层群众自治组织，企业、事业单位中担任领导职务并具有决策、管理权的人员
	国家机关负责人	
	民主党派和工商联负责人	
	人民团体和群众团体、社会组织及其他成员组织负责人	
	基层群众自治组织负责人	
	企事业单位负责人	
专业技术人员	科学研究人员	从事科学研究和专业技术工作的人员
	工程技术人员	
	农业技术人员	
	飞机和船舶技术人员	
	卫生专业技术人员	
	经济和金融专业人员	
	法律、社会和宗教专业人员	
	教学人员	
	文学艺术、体育专业人员	
	新闻出版、文化专业人员	
	其他专业技术人员	
办事人员和有关人员	办事人员	在公共管理和社会组织机构中，从事行政业务、行政事务、行政执法和仲裁、安全保卫、消防和应急救援等工作的人员
	安全保卫和消防人员	
	其他办事人员和有关人员	
社会生产服务和生活服务人员	批发与零售服务人员	从事商品批发零售、交通运输、仓储、邮政和快递、住宿和餐饮、信息传输、软件和信息技术以及金融、房地产、租赁和商务、技术辅助、生态保护、文化、体育和娱乐等社会生产服务与生活服务工作的人员
	交通运输、仓储和邮政业服务人员	
	住宿和餐饮服务人员	
	信息传输、软件和信息技术服务人员	
	金融服务人员	
	房地产服务人员	
	租赁和商务服务人员	
	技术辅助服务人员	
	水利、环境和公共设施管理服务人员	
	居民服务人员	
	电力、燃气及水供应服务人员	
	修理及制作服务人员	
	文化、体育和娱乐服务人员	
	健康服务人员	
	其他社会生产和生活服务人员	

续表

大类	中类	职业描述
农、林、牧、渔业生产及辅助人员	农业生产人员	从事农、林、畜、渔业生产活动及辅助生产的人员
	林业生产人员	
	畜牧业生产人员	
	渔业生产人员	
	农、林、牧、渔业生产辅助人员	
	其他农、林、牧、渔业生产及辅助人员	
生产制造及有关人员	农副产品加工人员	从事产品生产及设备制造、矿产开采、工程施工和运输设备操作的人员及有关人员
	食品、饮料生产加工人员	
	烟草及其制品加工人员	
	纺织、针织、印染人员	
	纺织品、服装和皮革、毛皮制品加工制作人员	
	木材加工、家具与木制品制作人员	
	纸及纸制品生产加工人员	
	印刷和记录媒介复制人员	
	文教、工美、体育和娱乐用品制作人员	
	石油加工和炼焦、煤化工生产人员	
	化学原料和化学制品制造人员	
	医药制造人员	
	化学纤维制造人员	
	橡胶和塑料制品制造人员	
	非金属矿物制品制造人员	
	采矿人员	
	金属冶炼和压延加工人员	
	机械制造基础加工人员	
	金属制品制造人员	
	通用设备制造人员	
	专用设备制造人员	
	汽车制造人员	
	铁路、船舶、航空设备制造人员	
	电气机械和器材制造人员	
	计算机通信和其他电子设备制造人员	
	仪器仪表制造人员	
	废弃资源综合利用人员	
	电力、热力、气体、水生产和输配人员	
	建筑施工人员	
	运输设备和通用工程机械操作人员及有关人员	
	生产辅助人员	
	其他生产制造及有关人员	

大类	中类	职业描述
军人	军人	军人
不便分类的其他从业人员	不便分类的其他从业人员	不便分类的其他从业人员

探索活动

力场分析

活动目的：

力场分析是对影响个人的思想、情感和行为因素所进行的一种研究，可以用来检测自己的职业目标是否可行。通过力场分析，帮助学生确定自己的职业目标。

活动内容：

（1）陈述你的职业目标，这个目标应当清楚具体，如"在三年内成为一个成功的机械工程师"。

（2）列出支持和反对你的目标的各种因素。支持因素（＋）是指对实现目标有帮助的因素，如某种技能或能力倾向、家庭的支持、很强的动力、充足的时间、经济资助、良好的态度等；而反对因素（－）则是指任何使你难以达到自己目标的因素。

（3）确认你可以采取哪些措施来扩大支持因素的力量，消除反对因素的影响。在可以加强的支持因素和可以转化为支持因素的反对因素后面，都画上加号（＋）。对于可以采取的措施应尽量具体详细，说明由谁来采取这些行动，将要做些什么，以及需要哪些资源。如果你不可能对某种因素（尤其是反对因素）采取任何行动，就在后面写上 NAP（No Action Possible），即"不可能采取行动"。

（4）评估职业目标的可行性。如果支持因素超过反对因素，或者你能够采取措施来削弱或扭转反对因素，那你的职业目标就是可行的。

（5）根据上述步骤填写力场分析表，如表 1-1-2 所示。

表 1-1-2　力场分析表

职业目标：	
支持因素： ① ② ③ ④ ⑤ ⑥	反对因素： ① ② ③ ④ ⑤ ⑥

续表

支持因素：	反对因素：
⑦	⑦
⑧	⑧
⑨	⑨
⑩	⑩

能将支持因素最大化的行动：

评估你的职业目标的可行性和现实态度：

能力训练

1．在一次大型招聘会上，毕业于某职业学校的小何向一家汽车公司申请销售员的岗位。他学的是汽车维修专业，在校期间各门功课都很优秀，毕业后的五六年里换了七八份工作，从事过医药、空调、电子产品等的销售，但没有汽车销售方面的工作经历。招聘者看了他的简历后认为，如果他毕业后稳定地从事过汽车方面的工作，就是公司需要的人选，但是他没有这方面的工作经验，所以公司无法录用他。

请根据上述材料，分析职业生涯规划对职校生的意义。

2．与身边的高职生或本科生组织一次郊游或其他活动，在活动中增进彼此的交流，看看他们都有哪些职业生涯规划，思考他们的职业生涯规划有哪些特点，在哪些地方与我们不同。

3．选定一个与自己所学专业相关的行业，上网查查该行业近几年的发展情况，看看它能为你的职业生涯发展提供哪些机遇。

模块二

自我认知

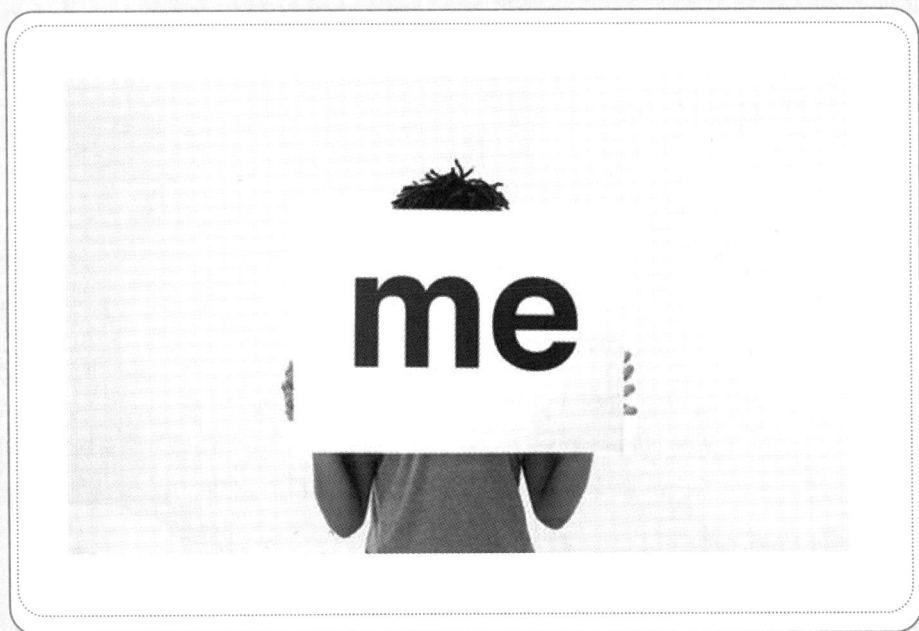

引导案例

从"舞蹈仙子"到"动漫画师"

小丽喜欢跳舞，初中毕业后进入一所职业学校学习舞蹈，被人称为"舞蹈仙子"。然而，天有不测风云，一次交通事故致使小丽左腿骨折，她从此不能再跳舞了。小丽经常默默流泪，只有通过画画解忧。老师看到小丽的画，建议她转学美术，于是小丽依依惜别舞蹈，去了美术专业学习。

在学习美术的过程中，她发现自己有这方面的天分，逐渐有了自信。她经常一坐就是一整天，画纸堆了一层又一层。功夫不负有心人，毕业后，多家广告公司邀请小丽去做设计，动漫城也邀请她去工作。

可见，兴趣可以培养、转化，跳舞和画画虽说都是艺术，但毕竟有差别，尽管如此，小丽最终还是从热爱跳舞转为热爱画画。同时，每个人都有自己的潜能，只要注意能力培养，并付出努力，就可以获得职业生涯的成功。

知识链接

一、自我认知概述

（一）自我认知的概念与原则

自我认知是指个体对自己的洞察和理解，包括自我观察和自我评价两个方面。自我观察是指对自己的感知、思维和意向等方面的觉察；自我评价是指对自己的想法、期望、行为及人格特征的判断与评估。

正确地认识自我

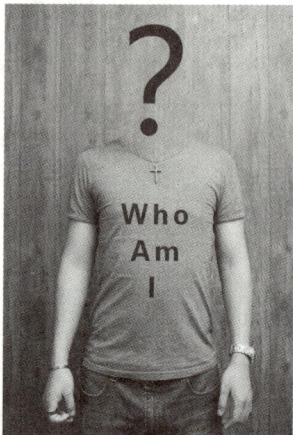

恰当地认识自我、实事求是地评价自己，是做好职业生涯规划的关键，也是自我调节和人格完善的重要前提。进行自我认知时，应遵循以下几个原则：

（1）适当性原则。自我认知应该适当，即既不看低自己也不高估自己。

（2）全面性原则。进行自我认知时，要全面而正确地反映自己的整体素质状况。

（3）客观性原则。进行自我认知时，要以客观事实作为基础和依据。

（4）发展性原则。进行自我认知时，应该以发展变化的眼光看待自己。

（二）自我认知的方法

自我认知的方法很多，包括橱窗分析法、SWOT 分析法、测试法等。

1. 橱窗分析法

心理学家把对个人的了解比成一个橱窗。为了便于理解，可以把橱窗放在一个直角坐标中加以分析，如图 1-2-1 所示。横轴的正向表示别人知道，负向表示别人不知道；纵轴的正向表示自己知道，负向表示自己不知道。

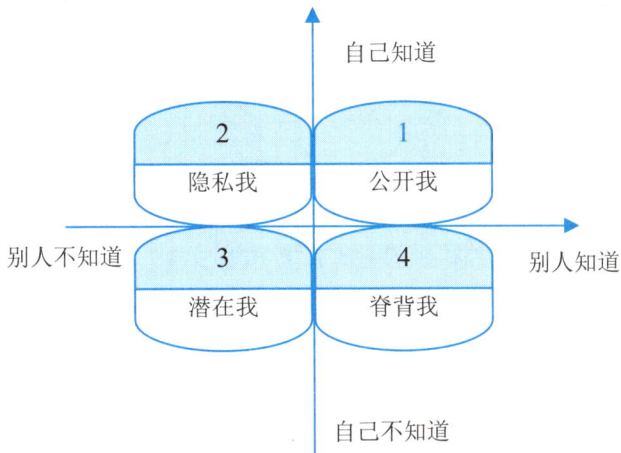

图 1-2-1 坐标橱窗

在上述坐标中，橱窗 1 为自己知道、别人也知道的部分，称为"公开我"，属于个人展现在外、无所隐藏的部分；橱窗 2 为自己知道、别人不知道的部分，称为"隐私我"，属于个人内在的私有秘密部分；橱窗 3 为自己不知道、别人也不知道的部分，称为"潜在我"，是有待开发的部分；橱窗 4 为自己不知道、别人知道的部分，称为"脊背我"，就如一个人的背部，自己看不到，别人却看得很清楚。

SWOT 分析法

通过四个橱窗的含义可知，在进行自我认知的时候，重点是了解橱窗 3 和橱窗 4 这两部分。

2. SWOT 分析法

SWOT 分析法是 20 世纪 80 年代初由旧金山大学的管理学教授韦里克提出来的。SWOT 四个英文字母分别代表：优势（Strength）、劣势（Weakness）、机会（Opportunity）、威胁（Threat）。所谓 SWOT 分析，就是将与研究对象密切相关的各种主要内部优势、劣势、机会和威胁等列出来，并依照矩阵形式排列，然后用系统分析的思想，把各种因素相互匹配起来加以分析，从中得出相应的结论。

SWOT 分析法是检查一个人的技能、喜好和职业机会的有用工具。如果我们对自己做一个细致的 SWOT 分析，就会很明确地知道自己的优点和弱点，以及自己所感兴趣的不同职业的机会和威胁。一般来说，求职者在进行 SWOT 分析时，应遵循以下四个步骤：① 评估自己的优势和劣势；② 找出自己的职业机会和威胁；③ 提纲式地列出今后五年内的职业目标；④ 提纲式地列出今后五年的职业行动计划。

3．测试法

测试法包括自我测试法和计算机测试法两种。

（1）自我测试法。自我测试法是通过回答有关问题来认识自己、了解自己，是一种比较简单、易操作的自我认知方法。测试题目由心理学家们经过精心研究设定，只要如实回答，就能了解自己的有关情况。在回答问题时，切忌寻找标准答案，应该是自己怎么想、怎么认识就怎么回答，这样的测试才有实际意义。

（2）计算机测试法。计算机测试法是一种了解自己、认识自己的现代测试方法，科学性、准确性相对较高。目前国内外比较常用的有人格测试、智力测试、能力测试、职业倾向测试。

二、兴趣

兴趣是人们积极探究某种事物的认识倾向。例如，如果对某种职业感兴趣，就会对该职业活动表现出肯定的态度，并积极思考、探索和追求。

（一）兴趣与职业

兴趣是指一个人力求认识某种事物或爱好某种活动的心理倾向，这种心理倾向与一定的情感相联系。如有的人喜欢看书，有的人喜欢打球，有的人喜欢听流行歌曲等。

兴趣对职业生涯很重要

兴趣与职业的关系如下：一方面，兴趣对职业选择有重要作用。一个人做自己感兴趣的事情，就会投入更多的情感、时间和精力，可以发挥全部才能的 80%～90%；而且现在越感兴趣的事情，将来把它作为职业目标的可能性就越大。另一方面，各种职业的工作性质、工作内容、服务对象和手段不同，所以，不同职业对从业者的兴趣存在着不同的要求。

课堂互动

现在有两份工作摆在你面前：一份工资待遇较高，但与自己的兴趣并不吻合；另一份工资待遇较低，却是自己喜欢的。请说说你的选择，并说明理由。

（二）职业兴趣的培养

职业兴趣是指人们通过参与某种自己感兴趣的职业而体验到心理上的满足后所产生的长期心理感受。

对于职校生来说，可以从以下两方面来培养职业兴趣：一是认识到专业、职业的重要性，加强专业知识的学习与专业技能的提高，发现并培养兴趣，增强专业学习的自觉性；二是在实训、实践中加强锻炼，体验学习中的乐趣，在实际工作中不断取得新成绩，强化成就感。

案例阅读

小江一上初中就喜欢上了电子游戏，后来逐渐沉迷于网络游戏。初中毕业后，小江毅然选择了某职业学校计算机网络专业，以满足自己上网的欲望。

接触计算机网络专业后，小江才知道该专业并非整天上网那么简单，好在自己对网络感兴趣，所以小江还是感到心满意足。在老师的引导下，小江掌握了计算机网络知识，并逐渐成为网站建设和网页设计高手。毕业后，小江进了一家网络公司工作。但他并不满足于现状，而是在原有基础上继续钻研网络知识，最终成为该公司的业务骨干。

点评： 兴趣使小江选择了计算机网络，加上他在学习中努力锻炼，才使他走向成功。

三、性格

人们常说"性格决定命运"，但是，我们不能把性格完全归因于天性，良好的性格也是可以调适的。

（一）性格与职业

性格是指人们在对待客观事物和社会行为方式中所表现出来的比较稳定的个性心理特征。它不仅表现在"做什么"方面，也表现在"怎样做"等方面。

《西游记》师徒四人
职业性格分析

不同职业对从业者的性格有不同要求。有的职业要求从业者偏向于内向性格，有的职业要求从业者偏向于外向性格。因此，职校生在选择职业时，要考虑自身的性格因素。根据性格选择职业，能使自己的行为方式与职业工作相吻合，更好地发挥聪明才智，从而能得心应手地驾驭本职工作。同时，职校生正处于青年时期，可塑性极强，应不断提升自身素质，主动按照即将从事的职业的要求来完善自己。

案例阅读

一位老板想从小王、小李、小赵三位助手中选拔合适的人分别负责财务管理、推广业务、策划工作。这位老板想了解三位助手的性格特点，以便根据其性格安排合适的工作。于是，他安排三位助手下班后留在公司与他一起讨论问题。在这期间，他故意制造了一起假火警，以便观察三人的反应，了解他们各自的性格特点。

面对眼前的火警，小王说："我们赶快离开这里再想办法！"小李一言不发，马上跑到屋角拿出灭火器去寻找火源。小赵坐着不动说："这里很安全，不可能有火灾。"

老板通过对三人在火警面前不同反应的观察，了解了他们的性格特点。他认为小王适合做财务管理，小李适合做推广业务，小赵适合做策划工作。

点评： 每一种工作都对从业者的性格提出了特定的要求。只有使性格与职业相匹配，才能最大限度地体现个人的人生价值。

（二）职业性格的调适

职业性格是指人们在长期特定的职业生活中所形成的与职业相联系的比较稳定的心理特征。

职业环境、实践活动和职业意识都会对职业性格的形成产生很大的影响，因此，职业性格是可以调适的。职校生可以从以下几个方面调适自己的职业性格。

1. 严格要求自己

性格是比较稳定的心理特征，需要一个较长的培养过程，想一蹴而就改变自己原有的性格是不可能的。职校生要以所学专业对应的职业对从业者的要求为目标，制定措施，严格要求自己，是职校生逐步提高自身素养、调适职业性格的必经之路。

2. 向身边的优秀人物看齐

"榜样的力量是无穷的"，职校生可以从成功的亲朋好友中选出自己的榜样，总结他们的成功经验，重点了解他们调适和完善性格的动力，以及调适的方法和措施，并制定措施，逐步改善。

3. 主动参加社会实践

良好职业性格的形成离不开丰富的社会实践活动。职校生应当利用课内外的一切有利时机接触社会，积极参加实践活动，从中了解专业和职业对从业者职业性格的要求，并不断对自身性格加以调适和完善，提高对所学专业的适应能力，为工作后尽快适应职业要求做准备。

四、能力

现代社会对从业者的能力要求越来越高，从业者不但要具备跨岗位、跨行业的综合职业能力，而且要具备根据市场变化不断开发自身潜能的创新能力。

（一）能力与职业

能力是指人们顺利完成某种活动所必须具备的个性心理特征。它是人的素质的集中、综合的体现，直接影响着人们的活动效率。

不同的职业对从业者的能力要求不尽相同。为了保证职业活动的顺利进行，各行各业都要求从业者必须具备特定的职业能力，以满足该职业活动的需要。在职业活动中，个人能力是否与职业要求相匹配直接影响着职业的成功与否。

知识拓展

能力与知识、技能的关系

1. 能力与知识、技能的区别

知识和技能是能力的基础，只有那些能够广泛应用和迁移的知识和技能，才能转化为能力；能力不但包括一个人现在已经达到的成就水平，而且包括一个人具有的潜力。

例如，一个读了很多书的人，可能有较丰富的知识，但在解决实际问题时，却显得能力低下，这说明他的知识只停留在书本上，既不能广泛迁移，也不能用来解决实际问题，可见，知识、技能与能力是有区别的。

2. 能力与知识、技能的联系

（1）能力是掌握知识、技能的必要前提。能力的高低直接影响着一个人掌握知识、技能的速度和程度，也决定着其对知识、技能的运用及解决问题的程度。

（2）知识和技能是形成能力的基础。一个人掌握一定的知识和技能，同时也会促进能力的提高。某种水平的知识、技能为高水平能力的发展提供了新的可能。

（3）具有同等水平知识、技能的人，不一定具有同等水平的能力。学历、文凭只反映一个人具备一定的一般知识和技能或某种专业知识和技能，并不反映其具备从事特定职业的特殊能力。在人才测评中，不能把文凭和能力画等号，否则就混淆了知识和能力的界限。

能力是掌握知识、技能的前提，又是掌握知识、技能的结果，两者是互相转化、互相促进的。正确理解能力与知识、技能的关系，有助于职校生科学地掌握知识、培养技能、发展能力，这对社会进步和个人发展具有重要意义。

（二）职业能力的提高

职业能力是指使职业活动顺利完成的个性心理特征。职业能力是就业的基本条件，是胜任工作岗位的基本要求，是个人取得社会认可并谋取更大发展的根本所在。因此，职校生应尽可能地提高自己的职业能力，具体可从以下几方面进行。

1. 努力学习专业知识

能力发展是在不断掌握和运用知识、技能的过程中完成的，没有扎实的专业知识，就谈不上职业能力的提高和发展。因此，我们不仅应重视专业课的学习，还应当注重文化基础课的学习，为将来更好地掌握专业知识和专业技能奠定基础。

2. 重视实践

实践是提高能力的重要途径。职业能力和职业实践是相互作用的：从事一定的职业实践需要以一定的职业能力为基础，职业能力又在职业实践中不断得到提高。

3. 培养良好的品质

良好的品质对于职业能力的开发和培养具有重要作用，能使人保持旺盛的求知欲和进取精神，从而促进职业能力的发展。

案例阅读

小雨平时寡言少语，在班里只是个配角。其实她心里很羡慕有些同学能够在大庭广众之下绘声绘色地演讲，也很羡慕班干部拥有极强的组织能力，能把各种活动组织得有条不紊。

她意识到，在竞争就业的机制下，今后步入社会、走上工作岗位以后，如果缺乏语言表达能力和组织能力，就会失去很多机会。于是，她开始有意识地在课堂上积极发言，一次又一次地对着镜子进行演讲比赛前的自我训练，并与几个同学合作出黑板报，锻炼自己的能力。

终于，功夫不负有心人，她不但在演讲比赛中获了奖，还在其他活动中显示出极强的组织能力。

点评： 只要在职业实践中刻苦努力，就能使职业能力有所提高。

拓展延伸

对职业兴趣的认识误区

明确个人的职业兴趣是职业生涯规划的重要依据之一。在寻找职业兴趣的过程中，要避免以下几个错误观念。

1. 把简单的喜欢、感兴趣当作职业兴趣

要不要把兴趣发展为事业

有些人看了几本小说，就认为自己应当去当作家；有些人喜欢打游戏，就觉得自己应该去学计算机。而真正接触这些职业时，却发现并不合适。职业兴趣与将来的工作相关，只有想清楚自己要从事什么样的具体工作，并对工作的内容、职责、性质等有所了解，且乐于准备可以达到工作要求的知识技能时，才谈得上是真正的职业兴趣。

2. 从事自己感兴趣的工作，就意味着轻松愉快

做自己感兴趣的工作是快乐的，甚至可以激发工作热情，但不一定轻松。实际上，不管任何职业都要付出努力和辛劳才能取得成就、做出成绩。另外，有时坚持自己的职业兴趣，还要付出经济报酬和社会地位的代价，毕竟不是所有人都会对待遇好、地位高的职业感兴趣。

3. 不是自己感兴趣的工作就不做

能从事自己感兴趣的职业是每个人的理想，但职业选择除了兴趣以外，还要综合考虑性格、能力等问题，这也是理想与现实的矛盾。有调查显示，有 50%的职场人正在做着自己不感兴趣的工作。但由于各种原因，大家也只能面对现实。因此，很多人需要在现实中追求自己的理想，立足于现实，把自己不喜欢的工作做好，并在这个过程中培养兴趣、积累技能，寻找新的机会。

探索活动

职业兴趣探索——六岛环游

活动目的：

使学生加强自我认知；帮助学生找到感兴趣的职业，从而合理确立职业生涯目标。

活动内容：

1. 仔细阅读以下材料，选择你希望靠岸的岛屿。

假设在你度假的途中，你所乘坐的轮船突然发生了意外故障，必须紧急靠岸。这时候，轮船正好处于下列 6 个岛屿的中间，你希望选择哪一个岛屿靠岸？要知道，这些岛屿只能通过轮船与外界联系。而由于天气原因，今后至少半年内船只都无法出航，而且你还要等待境外的轮船运送人员和器材前来维修你所乘坐的轮船。因此一旦靠岸，你可能需要在这个岛上待很长一段时间（至少一年）。

A 岛：美丽浪漫的岛屿。岛上有美术馆、音乐馆，弥漫着浓厚的艺术文化气息。同时，当地的原住居民还保留了传统的舞蹈、音乐与绘画，许多文艺界的朋友都喜欢来这里寻找灵感。

I 岛：深思冥想的岛屿。岛上人迹较少，建筑物多僻处一隅，平畴绿野，适合夜观星象。岛上有多处天文馆、科博馆及科学图书馆等。岛上居民喜好沉思、追求真知，喜欢和来自各地的哲学家、科学家、心理学家等交流心得。

C 岛：秩序井然的岛屿。岛上建筑十分现代化，是进步的都市形态，以完善的户政管理、地政管理、金融管理见长。岛民个性冷静保守，处事有条不紊，善于组织规划。

R 岛：自然原始的岛屿，岛上有原始的热带植物林，也有相当规模的动物园、植物园、水族馆。岛上居民以手工见长，自己种植花果蔬菜、修缮房屋、打造器物、制作工具。

S 岛：温暖友善的岛屿。岛上居民个性温和、十分友善、乐于助人，社区间连成一个密切互动的服务网络，人们互助合作，重视教育，充满人文气息。

E 岛：显赫富庶的岛屿。岛上居民热情豪爽，善于企业经营和贸易。岛上的经济高度发达，处处是高级饭店、俱乐部、高尔夫球场。来往者多是企业家、经理人、政治家、律师等，衣香鬓影，热闹非凡。

（1）你最希望选择哪一个岛屿靠岸？＿＿＿＿＿＿＿＿＿＿

（2）假设你必须选择三个岛屿，你最想去的岛屿排第一位，第二想去的排第二位，第三想去的排第三位，将这三个岛屿的字母代码从左到右列出来：＿＿＿＿＿＿＿＿＿＿

2. 从你选择的岛屿中，可以看出你的性格特点、职业兴趣与能力，并得出对应的职业，如表 1-2-1 所示。

表 1-2-1　不同岛屿对应的个人特质

岛屿	性格特点	职业兴趣与能力	对应职业
A	有创造性、非传统、敏感、容易情绪化、较冲动、不服从指挥	喜欢具备艺术修养、创造力、表达能力和直觉，并将其用于语言、行为、声音、颜色和形式的审美、思索和感受类的工作，并具备相应能力；不善于事务性工作	艺术方面（演员、导演、艺术设计师、雕刻家、建筑师、摄影师、广告制作人）；音乐方面（歌唱家、作曲家、乐队指挥）；文学方面（小说家、诗人、剧作家）

岛屿	性格特点	职业兴趣与能力	对应职业
I	坚持性强、有韧性、喜欢钻研、为人好奇、独立性强	喜欢抽象的、独立的定向任务，要求具备智力或分析才能，并将其用于观察、估测、衡量、形成理论、最终解决问题的工作	科学研究人员、教师、工程师、电脑编程人员、医生、系统分析员
C	有责任心、依赖性强、高效率、稳重踏实、细致、有耐心	喜欢注意细节、精准、根据特定要求或程序组织数据和文字信息的职业，并具备相应能力	秘书、办公室人员、记事员、会计、行政助理、图书馆管理员、出纳员、打字员、投资分析员
R	感觉迟钝、不讲究、谦逊、踏实稳重、诚实可靠	对与物件、机器、工具、运动器材、植物、动物相关的职业感兴趣，并具备相应能力	技术性职业（计算机硬件人员、摄影师、制图员、机械装配工）；技能性职业（木工、厨师、技工、修理工、农民）
S	为人友好、热情、善解人意、乐于助人	喜欢与人打交道的工作，能不断结交新朋友，从事提供信息、启迪、帮助、培训、开发或治疗等事务，并具备相应能力	教育工作者（教师、教育行政人员）；社会工作者（咨询人员、公关人员）
E	善辩、精力旺盛、独断、乐观、自信、好交际、机敏、有支配欲望	喜欢具备经营、管理、劝服、监督和领导才能，以实现机构、政治、社会及经济目标的工作，并具备相应能力	项目经理、销售人员、营销管理人员、政府官员、企业领导、法官、律师

（1）根据上述表格，找出与你之前选择的三个岛屿代码相匹配的性格及职业。

（2）上述性格及职业是否与你本人实际的兴趣和能力相匹配？若不匹配，请找出与你相匹配的性格与职业。

能力训练

1. 小杨毕业后在一家保险公司做起了业务员，但他天生性格内向、不爱说话，这份工作对他来说是一个极大的挑战。保险业务最难跨越的一步是"讲解关"，即要向陌生人讲解有关保险的品种和细则，讲解保险对于他（她）和他（她）家人的意义。要讲得鞭辟入里、扣人心扉，才能引起对方的兴趣。为了做好第一份工作，小杨下了很大的决心。

请根据上述资料，谈谈小杨应该如何克服性格内向、不爱说话的弱点。

2. 从兴趣、性格、能力、学习状况、行为习惯等方面，写出反映个人实际情况的语句。

（1）我是一个＿＿＿＿＿＿＿＿＿＿＿＿＿＿的人。

（2）我是一个＿＿＿＿＿＿＿＿＿＿＿＿＿＿的人。

（3）我是一个＿＿＿＿＿＿＿＿＿＿＿＿＿＿的人。

（4）我是一个＿＿＿＿＿＿＿＿＿＿＿＿＿＿的人。

（5）我是一个＿＿＿＿＿＿＿＿＿＿＿＿＿＿的人。

写好后，将结果发给身边的同学、老师或亲友，请他们帮助评价一下你在各个方面的情况，然后提出具体的改进措施。

职业决策

引导案例

飞翔的白天鹅

小慧出生于一个普通的农民家庭，个子不高，性格内向。初中毕业后，出于兴趣，她选择了某职业学校文秘专业。

在校学习期间，她努力学习专业知识，不仅各科成绩名列前茅，还利用业余时间自修了大专的文秘课程。为了提高专业技能，她每天坚持语言表达能力训练，还常常利用节假日去教学实习场所，强化文秘岗位的办公技能。经过努力，她考取了秘书职业资格证书和英语口语、计算机等多项技能证书。她给自己制定了一套提高文秘专业技能的"三个一"方案，即每天礼仪站一站（练站姿）、每天口语说一说（练英语口语）、每天打字练一练（练电脑打字）。

功夫不负有心人，经过三年的不懈努力，小慧各方面的素质都有了很大的提高，还在市里举办的文秘专业"技能之星"竞赛活动中获得多项桂冠。毕业时，小慧受到多家用人单位的青睐，成为抢手人才。

知识链接

一、职业定位

（一）职业定位的含义

第一份工作的选择有多重要

职业定位有两层含义：一是明确你是谁，你适合做什么工作；二是告诉别人你是谁，你擅长做什么工作。从长远来看，就是找准一个人的职业类别；就阶段性而言，是明确所处阶段对应的行业和职能，即在职场中自己应该处于什么样的位置。

职业定位的目的就是清晰地明确一个人在职业上的发展方向，它是人在整个生涯发展过程中的战略性问题，也是根本性问题。

（二）职业定位的内容

1. 定位方向——找准职业定位和发展方向

明确自己的职业气质、职业兴趣、职业能力结构等，找到自己的职业潜力集中在哪个领域。只有找准方向，才能最大限度地开发和挖掘自己的潜力。

2. 定位行业——看清目标行业的发展趋势

主动、全方位地了解目标行业的现状和前景，朝阳行业更有前途，也能给你提供更多的机会。不能仅仅靠报纸或者杂志介绍来了解行业的发展趋势，比较理想的做法是向已在该行业供职的朋友打听，以便获得可靠消息，打听的内容包括升迁制度、薪资状况等。

3. 剖析自我——认清自己的优势和不足

要明确自己的优势在哪里，这些优势是否足以帮助你在新的行业站稳脚跟；自己的弱点在哪里，有什么方法可以尽快提升。

从自身的角度讲，了解和分析的主要内容应该包括：

（1）喜欢做什么，主要包括职业兴趣、职业价值观等。

（2）适合做什么，主要包括职业性格、气质、天赋才干、智商情商等。

（3）擅长做什么，主要指职业能力倾向，如言语表达、逻辑推理、数字运算等。

（4）能够做什么，主要包括自己掌握的专业知识、技能和工作。

（三）职业定位的原则

1. 择己所爱

首先要确定自己喜欢哪种职业，或者对哪种职业比较感兴趣。一般来说，从事自己喜爱的、感兴趣的工作，会给人带来一种满足感，职业生涯才会变得妙趣横生。因此，择己所爱是做好未来职业定位的首要原则。

2. 择己所长

在激烈的就业竞争中，求职者必须善于从与竞争者的比较中来认清自己的所长和所短，即竞争的优势和劣势。然后在此基础上按照"择己所长、扬长避短"的原则进行具体的职业定位。

3. 择市所需

在进行职业定位时，不仅要了解当前的社会职业需求状况，还要善于预测职业随社会需要而变化的未来走向，使自己在职业生涯中走得更加长远。

（四）职业定位的方法

职业定位是自我定位和社会定位的统一，其目的是确定自己在社会大舞台上能扮演的角色。一个人只有在了解自己的性格、天赋和职业兴趣的基础上，才能够对自己进行准确定位。进行职业定位的具体方法如下：

（1）了解自己。确定自己是什么性格类型的人，擅长什么、不擅长什么。可以进行自我探索、请他人做评价，也可以借助心理测验来了解自己。

（2）了解职业。包括职业的工作内容、知识要求、技能要求、经验要求、性格要求、工作环境、工作角色等。可以询问业内的专家，也可以参照业内成功人士。

（3）扬长避短，选择适合自己的性格（本我），并能最多地用到自己天赋优势的职业。

（4）了解自己和职业要求的差距。一个人可能有多个职业目标，每个目标带来的好处和弊端不同，学生需要根据自己的特点仔细权衡不同目标的利弊得失，还要根据自己的现实条件确定达到目标的方案。

（5）确定如何把自己的定位展示给面试官和上司。确定了自己的职业取向和发展方向之后，需要采用适合的方式传达给面试官或者上司，以此获得就业和进一步发展的机会。

（6）选定了适合自己的目标职业后，还要确定在这个职业上取得成功需要加强哪方面的优势，弥补哪方面的短处。

二、职业环境分析

（一）家庭环境

家庭环境是影响学生职业定位的重要因素。一方面，每个人性格的养成都离不开家庭的影响；另一方面，作为家庭的一员，学生在做出职业选择的时候，不得不考虑家庭的意见及实际情况。

家庭是社会的基础细胞，父母是子女的启蒙老师，家庭的教育方式、家长的价值观都影响着学生的心理发展。因此，学生的就业心理很容易受到家庭因素的影响。例如，民主型家庭成长起来的学生在就业时自信、乐观，敢于面对挑战；溺爱型家庭成长起来的学生在严峻的就业局势面前会感到无助、失落，寄希望于家长的帮助。

父母在子女就业时的态度对职校生的择业心态也有重要影响，如有的父母希望子女留在身边，有的父母则希望子女去社会中闯荡一番。家庭教育影响着职校生个性品德的形成，父母的立场使毕业生在择业时有所顾虑。

（二）工作环境

工作环境是指工作所依存的地方，是职校生进行职业定位的重要影响因素之一。职校生需要了解的工作环境主要包括以下内容：

（1）交通是否便利。对于在职场积极进取的人来说，距离不是影响职业定位的因素，职业发展的平台更重要。但对于绝大多数人来讲，距离决定了每天上下班所用的时间，决定了真正投入一份工作的时间。

（2）人际环境。和谐的人际环境是指同事间团结、互助、协作、热情、友爱的人际氛围，这样的工作氛围能够让新员工很快融入团队并产生归属感，从而激发其工作热情，继而有效地开展工作。

（3）单位设施条件。企业为员工提供安全、稳定、宽松、舒适的工作环境，员工就会更加珍惜自己的工作机会，进而不遗余力地、创造性地完成工作，并为企业创造更多财富。

（4）发展前景。职校生应该有自己的职业追求，关注职业的发展前景，具体包括以下几个方面：一是职业技能的完善，就业不仅是一个工作的过程，也是一个学习的过程，只有不断完善自己的职业技能，职业生涯才会得到更好的发展；二是工作职位的晋升空间，职位是对一个人工作能力的认可，可以带给人成功感、满足感；三是薪资的提升，从某方面讲，薪资代表了人的价值，是人们提高生活质量的必需品。

（三）社会环境

社会环境对毕业生择业的影响是多方面的，有些是直接的、现实的，有些则是间接的、潜在的，有些是积极的、正面的，有些则是消极的、负面的。具体来讲，社会环境主要包括以下三类。

1. 政策环境

就业政策是国家为实现一定时期的路线、方针而制定的高层次人力资源配置的行动准则，体现了一定时期社会发展的需要，是职校生就业过程中所应遵循的基本规范。

除就业政策的直接影响外，劳动人事制度中的人才流动制度、工资制度、公务员制度等，以及社会职业结构调整的有关政策，都会对学生择业产生直接或间接的影响。

2. 经济环境

学生选择职业时，不可避免地要受到当时的社会经济状况的影响。从整个国家范围来说，经济的发展和科学技术的进步、劳动生产率的提高、职业演化速度的加快、就业岗位的增加，都是极为重要的因素。从一个国家的区域性经济发展状况来说，经济发展速度快的地区往往成为学生择业的热点地区。

社会经济状况直接影响职业的经济地位。例如，近几年 IT 产业发展迅速，在国民经济中的地位直线上升，对人才的需求数量也大幅上升，毕业生就业出现结构性矛盾，表现为专业与需求、层次与需求的失衡现象。学校培养周期与社会需求变化的频率不同步，学校针对社会需求的调适往往比较滞后，这就要求职校生要认识客观经济环境对就业的直接影响，同时要充分发挥主观能动性，克服客观环境的不利因素，主动适应社会需要。

3. 就业环境

随着工业化进程和经济结构调整步伐的加快，我国的就业结构发生了巨大变化并日趋合理。这些变化包括：产业结构发生重大变化，非农产业的比重超过农业；传统行业的就业机会减少，新兴行业增多；随着国家和集体单位从业人员的不断减少，就业的所有制结构发生了巨大变化；女性就业结构明显变化。

未来 10 年，我国的就业结构还会发生重大变化，将呈现出以下特点：① 第三产业成为增加就业的主要部门；② 非公有制经济成为吸纳就业的重要渠道；③ 劳动力逐渐向资本、技术密集型行业聚集。

课堂互动

在当前的就业环境下，毕业生应该保持什么样的心态？

三、锁定自己的职业锚

（一）职业锚的概念

职业锚理论是由美国著名的就业指导专家埃德加·施恩教授提出的。施恩认为，职业生涯规划是一个持续不断的探索过程，随着一个人对自己越来越了解，就会越来越明显地形成一个占主要地位的"职业锚"。所谓的"职业锚"，是指当一个人不得不做出选择的时候，无论如何都不会放弃的职业中的那种至关重要的东西或价值观，即人们选择和发展职业时所围绕的中心。

个人在进行职业生涯规划时，可以运用职业锚思考自己所具有的能力，确定自己的发展方向，审视自己的价值观是否与当前的工作相匹配。只有个人的定位和要从事的职业相匹配，才能在工作中发挥自己的长处，实现自己的价值。尝试各种具有挑战性的工作，在不同的专业和领域中进行工作轮换，对自己的资质、能力、偏好进行客观的评价，是使个人的职业锚具体化的有效途径。

（二）职业锚的类型

1. 技术/职能型

拥有这种职业锚的人追求技术/职能领域的成长和技能的不断提高，以及应用这种技术/职能的机会。他们喜欢面对来自专业领域的挑战，但不喜欢从事一般的管理工作，因为这将意味着他们放弃技术/职能领域的成就。

2. 管理型

拥有这种职业锚的人追求并致力于工作晋升，倾向于全面管理，可以跨部门整合其他人的努力成果。他们想去承担整个部门的责任，并将公司的成功与否看成自己的工作。

3. 自主型

拥有这种职业锚的人希望随心所欲地安排自己的工作方式和生活方式，追求能施展个人能力的工作环境，以最大限度地摆脱组织的限制和制约。他们宁愿放弃晋升机会，也不愿意放弃自由与独立。

4. 安全/稳定型

拥有这种职业锚的人追求工作中的安全与稳定感，但并不关心具体的职位和工作内容。他们喜欢有保障的工作、体面的收入及可靠的未来生活，而可靠的未来生活通常是由较高的退休金来保证的。

5. 创业型

拥有这种职业锚的人希望依靠自己的能力去创建属于自己的公司或完全属于自己的

产品（或服务），而且有冒险精神。他们可能正在别人的公司工作，但同时也在不断评估将来的机会，一旦他们感觉时机到了，便会走出去创建自己的事业。

6. 服务型

拥有这种职业锚的人一直追求他们认可的核心价值，如帮助他人、改善工作环境等。他们一直在追寻这种机会，即使薪水很低也无所谓。他们不会接受不能实现自己价值的职业，即使面对高薪和高职位的诱惑也不动心。

7. 挑战型

拥有这种职业锚的人喜欢解决看上去无法解决的问题，战胜强硬的对手，克服困难障碍等。对他们而言，选择某种职业的原因是该职业允许他们去战胜各种不可能。

8. 生活型

拥有这种职业锚的人希望将生活的各个主要方面整合为一个整体。正因为如此，他们需要一个具有足够弹性的工作环境。

课堂互动

仔细思考以下问题，并将要点记录在纸上。

（1）在校期间，你主要在哪些知识上投入了巨大的精力？尤其是你的课外时间主要用于学习哪些知识？

（2）如果付给你同样的薪水，你最想做什么？

回答清楚以上问题，可以帮助你了解自己的职业锚。

拓展延伸

职业定位的误区

误区一：定位使自己变得僵化

职业定位不是静态的，而是动态的，当自身情况或外部环境发生重大变化的时候，都需要重新定位。

误区二：很多想要的会得不到

职业定位并不是确定一个固定的位置，而是确定和目标的距离，要知道怎样努力才能达到目标。

误区三：定位让自己失去机会

这个误区在毕业生身上比较明显，他们经常毫无目的地到处投放简历，考取很多证书，认为这样得到的机会更多，其实，这样漫天撒网会耗费很多时间和精力，并不能获得实质性的机会。

误区四：应该让旁观者给自己定位

真正知道自己想要什么、习惯做什么的是自己，老师、朋友、家长都只能提供参考意见。所以在进行职业定位时，首先要了解自己，可以借助他人的帮助，但不能依赖他们。

探索活动

绘制家庭职业树

活动目的：

了解家庭各成员的职业发展过程，确定自己的职业发展目标。

活动内容：

在图 1-3-1 中填上你的家庭成员及其职业。不限直系血亲，你能想到的家庭成员都可以写上，越多越好。

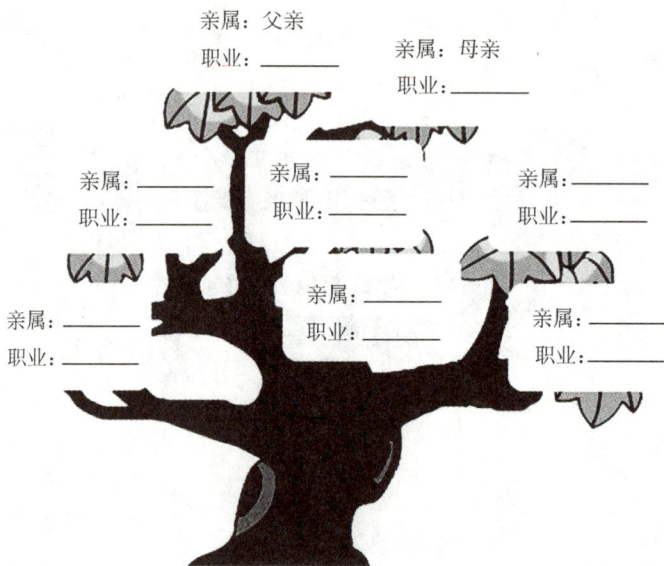

亲属：父亲
职业：_____

亲属：母亲
职业：_____

亲属：_____
职业：_____

亲属：_____
职业：_____

亲属：_____
职业：_____

亲属：_____
职业：_____

亲属：_____
职业：_____

图 1-3-1　家庭职业树

填好后，思考以下问题：

（1）从这个图中，我发现我的家庭成员从事最多的职业是_____。

（2）家庭成员对于各种职业的评价，是否都表示出强烈的好恶（例如，有些人会说："做什么都好，就是别去画画，否则连自己都养不起""还是公务员好，工作有保障"）？

（3）家族对彼此的职业，感到最满意的或羡慕的是什么（例如，"姑姑就是因为有个当医生的女婿，才生活得那么富裕""当老师好，老师稳定，还有那么多空闲时间，想干什么干什么"）？

（4）家人对我有职业期待吗？

① 没有，做什么都好。

② 有，他们希望我以后能从事_____职业。

（5）我对自己未来的职业期待是什么？

① 没有期待，主要原因是：_____。

② 我期待我以后能从事_____职业，主要是因为_____。

能力训练

1. 请根据本模块所学知识，并结合自身情况谈一谈应如何进行职业定位。

2. 小胡从职业学校毕业后，按照自己设计的目标顺利进入了一家外资企业。在工作的三年里，她却因部门的调整不断转换岗位，先后干过前台、仓库管理员、行政人事主管助理、客户服务主管助理等工作，在每个岗位上都没有积累足够的经验。虽然工资不低，同学们都很羡慕，但小胡却烦恼不已，正如她自己所说："我感觉自己就像一块抹布，哪里需要就抹哪里。一旦公司有了合适的人选，我就必定退出，因为他们的确比我专业、能干。"请根据本模块所学知识，帮助小胡走出困境。

职业素养的培养

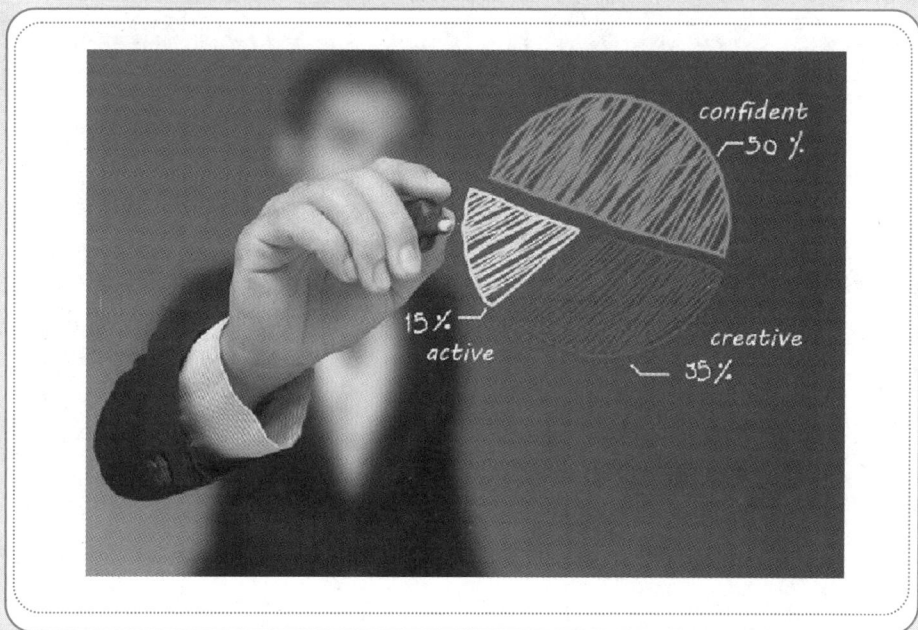

引导案例

微软的团队精神

优秀的企业文化造就卓越的企业，微软就是这样一个例子。微软为员工提供了舒适的工作环境，包括自然环境和人文环境。大学校园叫"campus"，微软研究院也叫"campus"，这正是微软舒适的自然环境的写照。其中包括种有大量鲜花、草坪的园区，还有美丽的 Bill（比尔）湖，篮球场、足球场更是充满了校园气氛。舒适的自然环境为微软人提供了优雅的工作场所，并成为高效工作的有力保障。

更令人们好奇和探寻的还是微软的人文环境。启动一个企业要从启动人开始，而启动人要从启动人的精神开始。微软以人为本、开放随和的工作环境就很好地体现了这一点。在微软任何一个团队中，都有着这样一句名言：没有永远的领导与员工。领导与员工不仅在一起工作，还在一起分享成功与失败、快乐与悲伤。开放的环境形成了开明的领导风格。

这使得微软人的团队意识非常强：成败皆为团队共有；大家互教互学，互相奉献和支持；遇到困难互相鼓励，及时沟通；依靠团体智慧；承认并感谢队友的工作和帮助；甘当配角。在这种团结、协作的集体中，形成了积极、向上的士气。这种士气使得微软人在面对一切挫折时都勇于抗争，势不可挡。在这样一个融洽的团队中工作，工作的潜能和激情也能更好地被挖掘出来。这也许就是微软永葆青春的奥秘。

知识链接

一、团队精神

（一）团队精神的概念

团队是指互助互利、团结一致，为统一目标和标准而奋斗的群体。团队不仅强调个人的业务成果，更强调整体的业绩。

团队精神是大局意识、协作精神和服务精神的集中体现，是团队成员对团队感到满意与认同，自觉地以团队的利益和目标为重，并在各自的工作中尽职尽责，自愿并主动与其他成员积极协作、共同努力奋斗的意愿和作风。

团队精神的基础是张扬个性。张扬个性，即强调个性自由，这是敢于打破常规的动力源泉。要塑造团队精神，就必须尊重个体的兴趣与成就，尊重每个人的个性。

团队精神的核心是协同合作。团队精神强调的不仅仅是一般意义上的合作与齐心协力所带来的"1+1=2"的效果，其核心在于加强沟通，发挥个性优势，在团结协作中实现优势互补，带来"1+1＞2"的效果。

团队精神其实是一个组织共同的价值观问题，团队精神的动力是共同目标。团队有目标，大家才会向着这个目标坚定不移地走下去。只有团队目标达到了，即团队成功了，个人才能获得成功。如果脱离了团队目标，即使个人目标达到了也是毫无意义的。

（二）培养团队精神的途径

1. 团队组织者和领导者的团队精神培养

作为团队的组织者和领导者，第一，要建立一种有效的监督和约束机制，营造一种团结严谨的工作氛围；第二，要消除不必要的工作界限，培养团队成员整体配合的协作精神，形成"分工不分家""互相支持和努力"的工作习惯；第三，要让每一位成员都能拥有自我发挥的空间，但要破除个人主义及唯我独尊、夜郎自大的傲慢心理，把

高绩效团队是什么样的

团队成员的力量凝聚到同心协力的行动上，凝聚到荣辱与共的感受上，树立团队集体主义观念；第四，要尊重每一位成员，让每一位成员都学会包容、欣赏、尊重其他成员的差异性，使团队的全体成员产生归属感和凝聚力，树立共同目标，实现共同理想。

2. 团队成员的团队精神培养

作为团队成员，要培养团队精神，必须注重以下能力和品质的培养。

（1）培养主动做事的品格。在一个团队里，不能被动地等待别人告诉你应该做什么，而应该主动去了解团队需要我们做什么，充分发挥主观能动性和主观意识，然后进行周密规划，并全力以赴地去完成。

（2）培养敬业的品格。有敬业精神才能把团队的事情当成自己的事情，才能发挥自己的聪明才智。个人的命运是与所在的团队连在一起的，要有意识地多参与集体活动，并且要尽自己所能认真完成个人承担的任务。无论在学习还是工作中，都要养成认真负责的好习惯，增强责任感。

（3）培养宽容与合作的品质。团队中的每个成员都各有长处和不足，关键是成员之间以怎样的态度去看待。在日常生活中培养宽容与合作的品质，不仅是培养团队精神的需要，也是获得人生快乐的重要途径。

（4）培养全局意识、大局观念。团队精神不反对个性张扬，但个体必须与团队的行动一致。在工作中，要有意识地培养全局观念。例如，要建设一个优秀班组，就不能只考虑自己的需要而不关注别人的感受；要建设一个优秀部门，每个人就不能借口自己有这样或那样的事情而不参与集体活动。否则，团队就会像一盘散沙，自己也很难从中受益。

二、创新能力

创新能力是运用知识和理论，在科学、艺术、技术和各种实践活动领域中不断提供具有经济价值、社会价值、生态价值的新思想、新理论、新方法和新发明的能力。

（一）创新能力的内容

创新能力包括创新意识、创新思维、创新技能、创新精神等几个方面的内容。

1. 创新意识

创新意识是善于独立思考、敢于标新立异，提出新观点、新方法，解决新问题和创造新事物的意识。它是创新思维和创新活动的基本前提和条件，直接决定创新活动的产生和创新能力的发挥。

2. 创新思维

创新思维是逻辑思维、形象思维、直觉思维、灵感思维等多种思维形式的有机结合，是判断推理敏捷、概括综合准确、分析思考深刻、联想想象新奇的高级智能思维方式。创新思维是创新能力的核心，是创新活动的关键。

3. 创新技能

创新技能是指创新主体在开展创新活动时所需要的实践技能，包括信息加工技能、动手操作技能、运用创新技术的技能和物化创新成果的技能等。创新技能是创新能力的直接体现。

4. 创新精神

创新精神包括高度的责任感和敬业精神、勇于开拓的精神，对新事物的强烈的好奇心，以及敢于冒险、勇于进取的品质。创新精神是培养创新意识、锻炼创新思维、提高创新技能的保证。良好的创新精神对培养创新思维、激发创新灵感和进行创新活动来说都是不可或缺的。

（二）培养创新能力的途径

当今时代的发展对职校生的创新能力提出了更高的要求，对学生来说，这既是挑战，也是实现自我全面发展的机遇。要培养职校生的创新能力，可以从以下四个方面着手。

1. 不畏常规，敢于超越，增强创新意识

创新的意义与核心竞争力

创新是真正意义上的超越，是一种敢为人先的胆识。现在的职校生是从应试教育中走过来的，在小学、中学接受的大多是老师机械式的灌输，课堂上缺乏热烈宽松的气氛，学生很少有独立思考的空间，学习的目的就是为了考试。这样，学生的悟性在经过"千锤百炼"之后基本上被埋没了，思维被严重地束缚。因此，创新能力的提高应该从增强创新意识开始，要善于发现问题、提出问题，不拘泥于条条框框的束缚，勇于超越常规，在超越中求发展。

2. 培养各种能力，做到知识与能力并重

创新不是一种简单的"包装"现象，它体现的是一种更高层次的能力，需要各种基础能力作为保障。要具备较强的创新能力，必须首先具备很强的综合能力和综合素质，尤其是观察能力、分析问题和解决问题的能力、独立思考的能力和学习的能力，这些能力需要靠不断地思考与学习来获得。

3. 建立健全合理的知识体系

创新能力的提高是一个日积月累、循序渐进的过程。创新需要基础，没有基础，就不可能超越。为创新做好准备，必不可少的一个环节就是脚踏实地地学好知识，掌握真才实学，在此基础上融会贯通，构建健全合理的知识体系。

4. 积极参与社会实践

创新的灵感大部分来源于现实生活，现实生活也是创新的最好材料。参与社会实践对培养职校生的创新能力的作用是不可低估的，积极有效的社会实践可以增强职校生的竞争意识和创新意识。

三、沟通能力

（一）沟通能力的概念

沟通能力是指一个人与他人有效地进行信息交流的能力。恰如其分和沟通效益是人们判断沟通能力的基本尺度。其中，恰如其分是指沟通行为符合沟通情境和彼此的标准或期望；沟通效益是指沟通活动在功能上达到预期的目标，或者满足沟通者的需要。

从表面上看，沟通能力似乎就是一种能说会道的能力，实际上它包罗了从穿衣打扮到言谈举止等一切行为的能力。一个具有良好沟通能力的人可以充分发挥自己所拥有的专业知识及专业能力，并能给对方留下"我最棒""我能行"的深刻印象。

（二）培养沟通能力的途径

1. 悦纳自己，克服自卑心理

要想协调好人际关系，让别人接纳和喜欢自己，首先要悦纳自己。一个人自卑、缺乏自信，往往与对自己没有形成正确的认识和评价有十分紧密的联系。与他人进行比较时，一是要注意比较的标准，不能以己之短去比别人之长，这样势必导致比较的误差；二是比较时必须要客观，千万不能因为自己某一方面不如他人就彻底否定自己。

此外，要善于发现自己的优点和长处。只有这样，才能形成客观公正、符合实际的自我认识与评价。在沟通中，要有交往成功的信心，不要总是被"人际交往会失败"的心理所困扰。只有多与人沟通，才能增加与他人进行社会比较的机会，也才能发现自己的长处，增强自己的信心，克服自卑感。

2. 真诚待人、尊重他人

真诚是一种待人态度，是一个人发自内心而不是虚情假意地对他人的关心和尊重。与人交流时，应该讲究方式方法，尤其在表达不满时更是要考虑到交往对象的接受程度，以便优化人际关系，减少人与人之间不必要的冲突和摩擦。一般情况下，在表达不满时，应

该遵循如下两条原则：第一，对事不对人，就是只对事件本身发表自己的看法，不要攻击对方的人格；第二，对己不对人，就是直接表达自己的内心感受，而不要轻易地对对方的行为下结论。

要做到尊重他人，就要做到以下两点：首先，要学会面带微笑。微笑是发自内心地对别人的友好、接纳、赞同、理解、宽容和尊重，不是皮笑肉不笑的虚情假意。其次，要认真倾听，就是要诚心、耐心、细心地听，而且要"四个耳朵"——两个耳朵、眼睛、头脑一起听。用眼睛观察对方讲话的表情，用脑子分析对方讲话的意图，以示对交往对象的尊重。即使对方讲的话并不十分令人感兴趣，也应让对方把话讲完。

3．平等交往

沟通中的平等主要是指精神和人格上的平等。现实生活中，人与人之间要真正做到平等交往是很困难的。例如，地位较高的人往往轻视地位较低的人，带有一种居高临下的心理；而地位较低的人则往往抱着不敢高攀或不愿高攀的心理，这就容易造成沟通中的心理障碍。

要把握平等交往的原则，一方面要一视同仁，不以貌取人、以势取人、以才取人、以物取人、以家境取人、以学习成绩取人；另一方面，也要平等待己，克服自卑心理，不要自视低人一等。

4．宽容待人

职校生的自尊心是非常强的，不允许别人轻易地冒犯自己，这是可以理解的，但有时也要学会忍耐。有些学生在日常生活中一点亏也不吃，本来要维护自己的自尊，但往往适得其反。

职校生感觉的"过敏"不可避免地会激发一些矛盾，这就要求职校生在沟通中不要斤斤计较，而要谦让大度、克制忍让，不计较对方的态度和言辞，并勇于承担自己的责任，做到"宰相肚里能撑船"。宽容克制并不是软弱、怯懦的表现。相反，它是有"肚量"的表现，是建立良好人际关系的润滑剂，能"化干戈为玉帛"，赢得更多的朋友。

5．掌握人际沟通的语言艺术

语言艺术运用得好，就能优化人际交往；相反，如果不注意语言艺术，往往在无意间就会出口伤人，引发或激化矛盾。人际沟通的语言艺术有以下几种：

（1）称呼得体。称呼关系到人们之间的心理关系的融洽程度。恰当得体的称呼能够使人获得一种心理满足感，使对方感到亲切，这样沟通便有了良好的心理气氛；称呼不得体，往往会引起对方的不快甚至反感，使沟通受阻或中断。所以，在沟通过程中，要根据对方的年龄、身份、职业等具体情况，以及沟通的场合、双方关系的亲疏远近来决定对方的称呼。对长辈的称呼要尊敬，对同辈的称呼要亲切、友好，对关系密切的人可直呼其名，对不熟悉的人要用敬辞。

（2）正确运用语言。讲话时要表达清楚、生动、准确、有感染力，少用俚语和方言，切忌滥用辞藻或含糊不清；语音、语调、语速要恰当，要根据谈话的内容和场合采取相应的语音、语调和语速；讲笑话要注意对象、场合、分寸，以免笑话讲得不得体，伤害他人的自尊心。

（3）适度地称赞对方。每个人都希望别人赞美自己的优点，真诚的赞美往往能获得出乎意料的效果。如果能够发掘对方的优点，并进行赞美，对方会很愿意与你多沟通。但是赞美要适度，要有具体的内容，绝不能曲意逢迎。

案例阅读

小贾是公司销售部的一名员工，为人比较随和，不喜争执，和同事的关系处得都比较好。但是，前一段时间，不知为什么，同一部门的小李总是处处和他过不去，有时候还故意在别人面前指桑骂槐，工作任务也都有意让小贾做得多，甚至还抢了小贾的好几个老客户。

起初，小贾觉得都是老同事，没什么大不了的，忍一忍就算了，但是，看到小李如此嚣张，小贾一赌气，告到了经理那儿，经理把小李批评了一通。从此，小贾和小李成了冤家。

点评：小贾遇到的问题在工作中是常常出现的。在同事小李对他的态度有所改变时，他就应该与小李加强沟通，而不是一味忍让。

四、学习能力

一个企业的发展和活力取决于这个企业与员工学习的广度和深度。在学习型企业中，不能把学习仅仅看成个人行为，而是要把学习作为企业生存和发展的需要。职校生必须具备学习能力，才能适应学习型企业的需要。

（一）学习能力的概念

学习能力是指个体掌握知识并在实践中应用知识的能力。学习能力的内涵包括发现问题和解决问题的能力，收集、分析和利用信息的能力，以及学会分享与合作的能力。

学习能力要求个人不仅要学习广博的知识，还要学会学习的方法，树立终身学习的理念，与时俱进。无论是在学习阶段还是职业生涯阶段，人们都必须具备再学习的能力，不断吸纳新的知识和技能，以适应社会发展的变化。

（二）提高学习能力的途径

1. 端正学习态度

一些职场新人对待学习的态度不够端正，在思想认识上存在以下三种误区：

一是认为"工作太忙，很难挤出时间学习"。其实，学习和工作不是非此即彼、互不相容的关系。通过学习提高思想理论水平和业务知识，不仅不会耽误和影响工作，还会提高工作质量和效率。

二是认为"自己有高学历，不用怎样学也能对付过去"。这是一种盲目的优越感。有高学历固然是一种优势，但如果满足于已有的学历，就此止步，就不可避免地会落伍甚至被淘汰。因为我们所处的时代是知识经济时代，新知识和新技术层出不穷，学过的知识如不及时更新，就会很快过时。

三是认为"平时看报纸、电视，参加团队学习，就足够了"。职校生应通过学理论、学业务、学专业技能来提升自身的内在素质，从而提高工作效率。

只有转变上述认识误区，有了对知识的热爱，才能使学习成为一种自觉的行动。因此，职场新人必须端正学习态度，进一步增强学习的自觉性和主动性。要用不断学习的积极态度来代替以人才自居的消极心态。

2. 树立新的学习理念

首先，要树立学习者生存发展的理念。现代企业的生产、经营、管理理念发生了很大变化，面对新技术信息革命和知识经济时代的到来，企业管理的要求不断提高，业务技术要求也越来越高，无论是生产调度、产品经营，都必须有过硬的业务素质。因此，职业新人要充分地认识到创建学习型企业是强化企业管理、争创一流企业的需要。只有不断加强学习，从中汲取营养，提高本领，把全新的生存理念融入各项工作中，才能使企业在激烈的竞争中立于不败之地。

其次，要树立学习则强、学习则胜的理念。学习是思考和创造的过程，选择学习就是选择进步。职场新人必须把学习作为自身进步的阶梯及与时俱进的不竭动力，培养强烈的求知欲望和浓厚的学习兴趣，养成良好的学习习惯和能力，做到在实际工作中关注变数、胸有成数、增加胜数，通过学习塑造自我、完善自我、创新自我，努力以学习的进步推动工作的创新。

再次，要树立工作学习化、学习工作化、学习生活化、学习终身化的学习理念。职场新人要学会学以致用，把学习消化在工作中，细化到生活里。如果只埋头工作而忽视学习的转化，即使有敬业精神和干好工作的良好愿望，工作也难有成效。只有不断加强学习，树立终身学习的理念，把学习作为一个永恒的主题，使学习成为一种兴趣、一种习惯、一种需求，才能把学习、工作和生活有机结合起来，达到相互促进、相得益彰的效果。

3. 注重实际效果

职场新人要培养自己的学习能力，必须注重实际效果，从以下三个方面努力：

（1）学习方式可以灵活多样。学习往往枯燥无味，是一种苦差事。要使学习有趣、有实效，学生可以采用灵活多样的学习方式，如边干边学、向老师请教等。

（2）要把企业文化理念贯穿于整个学习中。在学习中，要克服为了学习而学习的错误做法，要把企业文化理念贯穿于整个学习中，把学习融入丰富多彩的企业文化活动之中，寓学于动、寓学于乐，使之产生一种合力，使自己的学习紧紧围绕企业的发展。

（3）要养成勤于思考的习惯。学习和思考是相互关联、密不可分的。从认识论的角度看，只学习不思考，认识的过程就没有完成。思考是学习的继续，思考的过程是对照比较、学以致用、融会贯通的过程，也是理论联系实际的不可或缺的重要环节。只有认真思考，才能不断修正、调整、丰富和提高自己。因此，职场新人要在勤奋学习的基础上，养成勤于思考的习惯，培养思考的能力。

五、时间管理能力

时间管理是指在同样的时间消耗情况下，为提高时间的利用率和有效性而进行的一系列控制工作。从某种意义上说，时间管理就是对个体资源和自我行为的管理。

（一）浪费时间的表现

时间对于每个人都是平等的，一旦过去就再无法追回。那么为什么有些人可以在有限的时间里有所成就，生活得轻松自在、充实快乐；而有些人却整天忙忙碌碌、焦虑紧张、疲惫不堪，生活、工作、学习一片混乱。究其原因，我们会发现在琐碎的日常生活中，在不良的习惯下，时间在不经意间被浪费了。浪费时间的表现如下：

（1）犹豫不决，患得患失，瞻前顾后，拖拖拉拉。花许多时间去思考要做的事情，矛盾、担心、难以下决定，找借口推迟行动，同时又会为没有完成任务而后悔。

（2）找东西。生活没有规律，东西乱丢乱放，因而浪费大量的时间去找东西。

时间管理

（3）精力分散，时断时续，不能集中精力做一件事。在完成重要事情时，一旦间断，就要花费时间重新进入状态，从而降低了工作效率。

（4）懒惰、逃避。由于自身的惰性而逃避去完成事情，躲进幻想世界，无限期延时。

（5）事无轻重缓急。在众多事情中抓不到重点，缺乏优先顺序，不懂得统筹安排。

（6）不懂授权。一个人包打天下，事无巨细，样样亲力亲为，不会把适当的事情委托他人，寻求协助。

（7）盲目行动。在没有预见、把握和详细计划的情况下盲目行动，往往在实施过程中或完成后需要重来。

（8）消极情绪。对所做事情产生反感、抵触的情绪，不能全身心地投入。

（9）悔恨或空想。对过去的过错或得失感到后悔，在悔恨里浪费精力；或者凭空想象不切实际的未来，却不去行动。

（10）完美主义。过于追求完美，注重没有必要的细节；反复检查已完成的工作，以至延误之后的进度。

此外，交友频繁、应酬过多等做法也会浪费大量的时间。

（二）时间管理的基本原则

1. 做事分清轻重缓急

时间管理的精髓在于：分清轻重缓急，设定优先顺序。成功人士都是以分清主次的办法来统筹时间的，把时间用在最有"生产力"的地方。面对每天大大小小的、复杂的事情，如何分清主次呢？具体有以下三个判断标准：

（1）我必须做什么？包括两层意思：是否必须做，是否必须由"我"做。非做不可，但并非一定要亲自做的事情，可以委派别人去做，自己只负责督促。

（2）什么能给我最高回报？应该用80%的时间做能带来最高回报的事情，而用20%

的时间做其他事情。所谓"最高回报"的事情，就是符合"目标要求"或自己会比别人干得更高效的事情。

（3）什么能给我最大的满足感？最高回报的事情并非都能给自己带来最大的满足感，因此，无论你地位如何，总需要分配些时间给令人满足和快乐的事情。唯有如此，工作才是有趣的，并易保持工作的热情。

2. 做正确的事和正确地做事

管理大师彼得·德鲁克曾经指出，效率是"以正确的方式做事"，而效能则是"做正确的事"。效率与效能两者都不能偏废。如果出现两者不能兼顾的情况，应先顾效能，然后再想法提高效率。

做正确的事，首先要确定目标。目标能最大限度地聚集你的资源，包括时间。因此，只有目标明确，才能最大限度地节约时间。

正确地做事是指做事的方式。首先，要排列优先顺序，分清轻重缓急；其次，要制订计划，在做事情的时候按计划执行，避免走弯路、做无用功；再次，要选择正确的工作方法。方法正确了，则会事半功倍；方法错误了，则会事倍功半，甚至贻误"战机"。

（三）做好时间管理的途径

1. 遇事不拖延，马上做

拖延并不能节省时间和精力，恰好相反，它会使你心力交瘁，疲于奔命。因此，要养成遇事马上做的习惯，这样不仅能克服拖延，而且能把握"笨鸟先飞"的先机。久而久之，必然能培育出当机立断的大智大勇。

2. 善用零碎时间

把零碎时间用来处理零碎的事情，从而最大限度地提高工作效率。例如，可将茶余饭后、会前会后的零碎时间用来学习、思考，或者简短地计划下一个行动等。充分利用零碎时间，积少成多，长年累月地计算下来，将会收到惊人的成效。

三国时董遇读书的方法是"三余"："冬者岁之余；夜者日之余；阴雨者晴之余。"即要充分利用寒冬、深夜和雨天，并在别人歇息之时发奋苦学，此外，他认为"三余广学，百战雄才"。而鲁迅先生则"把别人用来喝咖啡的时间都用在了写作上"。看来，利用零碎的时间也可以成就大事业。

3. 合理分配时间

计划每一件工作时，必须决定该花多少时间做每件事情，这就是"分配时间"。时间分配合理了，就可以更好、更快地完成任务，也可以节约出时间去完成其他的事情。

4. 为意外事件留时间

火车、飞机、公共汽车、轮船按时间表运行，但依然会有晚点等意外事件发生，同样的情形也可能发生在你身上。例如，你正在按照计划做事情，忽然又接到了其他任务，在这种情况下，你当天的任务就可能无法完成。但如果你的工作时间留有余地，或有应急计

划，这样就不会影响任务的完成了。

拓展延伸

职场新人沟通时的注意事项

沟通是把双刃剑，表达观点过激、冒犯别人的权威、个性太过沉闷，都会影响职场新人的人际关系。那么，在职场沟通中到底应该注意哪些事项呢？

1. 不要想当然地处理问题

初入职场的毕业生在工作中由于与同事不太熟悉或者碍于面子，遇到问题时不与别人沟通，仅凭主观臆断来处理问题，结果往往会差错百出，给企业造成一定损失。所以遇到问题时，要向有经验的同事请教，这样既可以减少工作出错率，还可以加强与同事的交流与沟通，使自己迅速融入团队。

2. 要多做事、少说话

有些人总是喜欢表现，有一点新奇的想法就说出来，以获得同事或领导的认可。实际上，初涉职场的毕业生还很年轻，缺乏工作经验，想法很可能有很多不切实际之处，急于求成往往会引起他人的反感。作为新手，应该本着学习的态度，踏踏实实地做事，再远大的抱负也要一步一步地去实现，不能急于求成。

3. 不做职场"烂好人"

和同事搞好关系是应该的，但要看你和同事之间的"好关系"是靠什么来维持的，他们对你的"好感"是如何形成的。如果只是因为你是一个很好"使唤"的同事，能够为他们减轻很多负担，甚至成了他们犯错时的"牺牲品"，显然，这样的"好关系"不值得庆幸。作为初涉职场的新人，尤其要记住，同事不等于朋友，不能公私不分。所以，好人要做，但不要做"烂好人"。

探索活动

"无敌风火轮"

活动目的：
培养队员团结一致、密切合作、克服困难的团队精神；增强队员间的相互信任与理解。

活动内容：
（1）将全班学生分为若干小组，每组6~8人，选定一名组长。

（2）小组成员在活动前准备好报纸和胶带，并选择一片空旷的大场地。

（3）以小组为单位，用报纸和胶带制作一个可以容纳全体团队成员的封闭式大圆环。将圆环立起来，所有成员站在圆环上，边走边滚动大圆环。

能力训练

1. 利用网络搜索自己所学专业对应的行业中有哪些知名企业，以及他们对应聘者有什么具体要求。然后谈谈自己在校期间应如何提高自己的职业素养，以实现自己的职业理想。

2. 请你根据自己的实际情况回答下列问题，如实地给自己评分。

计分方式

选择"从不"记 0 分，选择"有时"记 1 分，选择"经常"记 2 分，选择"总是"记 3 分。

（1）我在每个工作日之前，都能为计划中的工作做些准备。

（2）凡是可安排下属（别人）去做的，我都安排下去。

（3）我利用工作进度表来规定工作任务与目标。

（4）我尽量一次性做完一件事情。

（5）每天列出一个应办事项清单，按重要顺序来排列，依次办理这些事情。

（6）我尽量回避干扰电话、不速之客的来访，以及突然的约会。

（7）我试着按照生理节奏变动规律曲线来安排我的工作。

（8）我的日程表留有回旋余地，以便应对突发事件。

（9）当其他人想占用我的时间，而我又必须处理更重要的事情时，我会说"不"。

结论

0～12 分：你自己没有规划时间，总是被别人牵着鼻子走。

13～17 分：你试图掌握自己的时间，却不能持之以恒。

18～22 分：你的时间管理状况良好。

23～27 分：你是值得学习的时间管理典范。

第二部分
就业指导

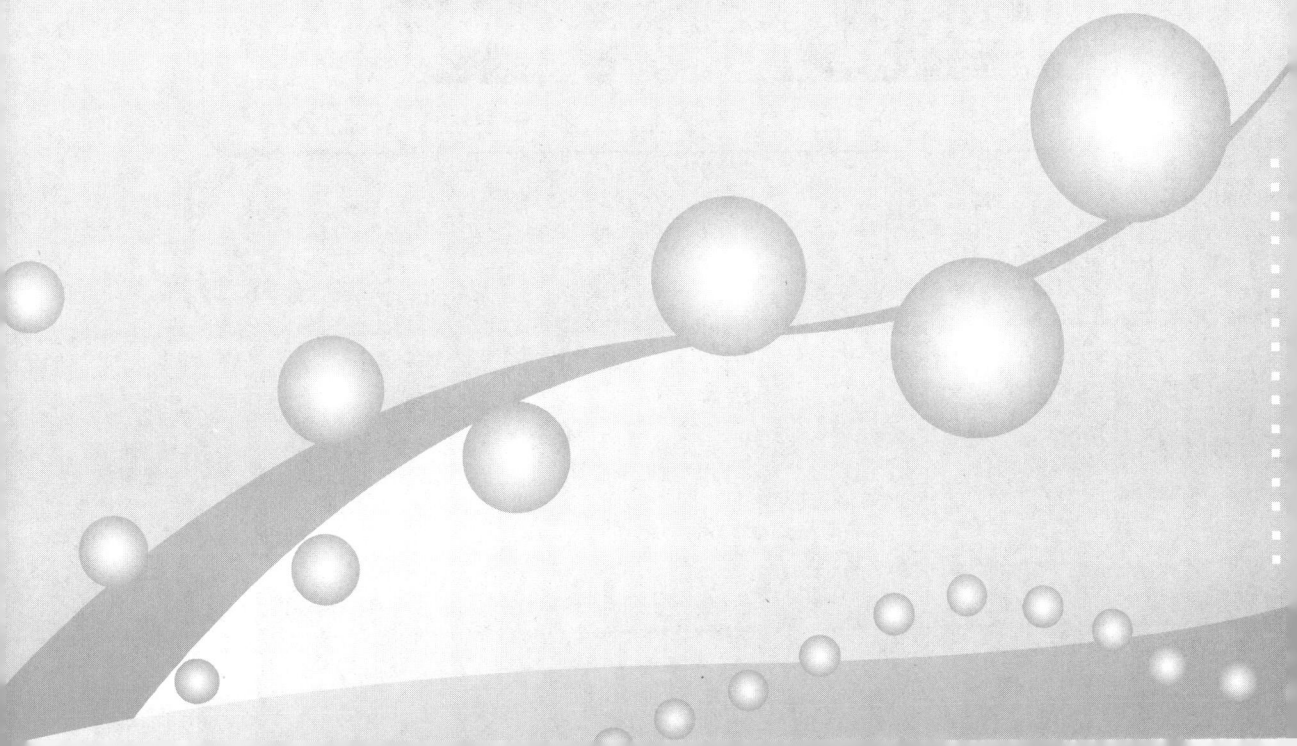

就业信息准备

引导案例

把握信息，成功就业

赵某是某职业学校计算机应用专业的毕业生，她早在上学期间就开始收集各种信息，并建立了自己的就业信息库。收集的信息包括国家经济发展趋势、国家的就业政策、本省、市的就业形势、用人单位的招聘信息等。

她主要筛选以下类型的企业：① 回报高的或发展快的企业；② 处于上升期的高科技企业；③ 效益很好，且以人为本的企业；④ 薪水一般但工作相对稳定的企业。

在近一年的求职过程中，她始终保持着清醒的头脑，经常与就业指导中心的老师沟通自己的一些想法，求得他们的指导和帮助，细心地寻找适合自己的工作。

临近毕业时，她没有像其他同学那样焦急地找工作，反而花大量时间学习专业知识。她偶尔会去一些招聘会，也会去经过精心选择的理想单位参加面试。当许多同学还在四处奔波找工作时，赵某已经找到了满意的工作。

知识链接

就业信息是指通过各种媒介传递的有关就业方面的消息和情况，如就业形势与政策、供需情况、招聘活动及用人信息等。

一、就业信息的收集

对面临求职择业的毕业生来说，谁拥有更多、更有效的就业信息，谁就能赢得择业的主动权。毕业生可通过以下渠道收集就业信息。

（一）各学校的主管部门

学校的毕业生就业办公室或就业指导中心是毕业生就业的重要主管部门，与中央有关部委和各省市的毕业生就业主管部门，以及有关用人单位保持着密切的联系，能及时掌握国家和地方的有关就业政策、各地举办"双选"活动的信息、有关用人单位的简介材料及需求信息等。他们提供的信息无论是数量还是质量，都具有明显的优势，因此，这应该是广大毕业生获取就业信息的主要渠道。

（二）各级就业主管部门和就业指导机构

教育部每年都要制定毕业生就业的有关方针、政策，各省、自治区、直辖市的主管部门也要相应地制定地方性实施意见；教育部及各省市的毕业生就业指导机构也要开展信息交流和咨询服务。这些都是毕业生获取就业信息的重要渠道。

（三）"双向选择""供需见面"会

这类活动有的是一省举办或几省联办的，有的是地、市、县联办或单独举办的，也有的是由一个学校举办或多校联合举办的，甚至有的是由一个行业举办或几个行业联合举办的。毕业生通过这种活动直接与用人单位联系，可以获得更多机会，还可以当场签订就业协议。

（四）有关新闻媒介

毕业生就业作为社会普遍关注的热点问题，近年来也引起了新闻界的普遍重视，有关就业政策、热门话题讲座、招聘广告等时常见诸报端。另外，各地人才市场报等也能为毕业生提供丰富的就业信息。

（五）各种社会关系

本专业的教师比别人更清楚毕业生适合到什么单位就业，而且往往在科研协作、兼职教学中与对口单位有着广泛的接触；校友大多在对口单位工作，对所在单位的情况了如指掌，通过他们可以获得许多具体的、准确的信息；家长和亲友与社会的方方面面有一些联系，也可以为毕业生提供就业信息。

（六）社会实践、毕业实习或业余兼职

学生可加强与有关用人单位的联系，增进彼此间的了解，以便于直接掌握就业信息。如果两相情愿，那是再好不过的机遇。

五大途径获取求职信息

（七）用人单位

毕业生开始求职时可以"普遍撒网"，向自己认为适合的用人单位写自荐信，确定重要目标后，通过电话预约，然后亲自登门拜访，这种"毛遂自荐"的方式也不失为获取就业信息、获得就业成功的途径之一。

案例阅读

小伟是某职业学校机械制造专业的学生，平时的学习成绩处于中等水平，这使得他常常为自己的前途感到担忧。

为了使自己能够顺利就业，小伟利用实习的机会搜集了大量机械制造行业的招聘信息，并主动与各单位的负责人接触，从中了解用人部门的需求。最后，小伟选择了一家比较适合自己的公司去面试。由于小伟对该公司了解得比较透彻，因此在面试时从众多的竞争者中脱颖而出，得到了自己想要的岗位。

点评： 小伟之所以能轻松就业，主要是因为他科学地搜集了就业信息，并采取了有针对性的措施。

二、就业信息的处理

　　毕业生在求职择业过程中获取的信息很多，这就要求毕业生根据自己的实际需要对收集到的信息进行处理，去伪存真、去粗取精，提高就业信息的针对性和时效性，以便更好地为自己的求职择业服务。一般来讲，处理就业信息时，应注意以下问题。

（一）科学地掌握就业信息

　　毕业生在择业过程中需要掌握的就业信息很多，但要分清主次轻重。对于那些重要的就业信息，毕业生应通过正规的渠道来获取。例如，就业政策就应从政府机构和学校就业主管部门获取，并且应时刻关注最新动态；就业方法与技巧就应从优秀教材、就业指导课、权威专家处获取，并且注意活学活用；综合信息就应通过对比、测验、咨询等方式获取，并根据具体情况适时加以调整。

（二）准确地理解就业信息

　　对于就业政策中的特殊规定、社会需求信息中的特定要求、用人单位信息中的工资福利待遇及进修培训部分，毕业生应特别注意并准确地理解，以免做出错误的选择或使自己的合法权益受到损害。

（三）有针对性地筛选就业信息

　　在处理就业信息时，应舍去不适合自己的信息，及时地、有针对性地保留或者寻找适合自己的社会需求信息，以节省宝贵的时间和精力。

　　很多用人单位在进行宣传的时候，通常只提自己的优势而掩饰自己的劣势，因此，毕业生在进行情况分析时要做到充分了解、心中有数，不要被表象所迷惑。

三、就业信息的科学利用

　　无论是收集信息还是处理信息，最终都是为了利用这些信息来得到自己理想的工作。在经过认真而全面的筛选之后，可将就业信息用于以下途径：

　　（1）信息是具有时效性的，要尽快与用人单位取得联系，建立协约关系，以免在自己犹豫不决时错失良机。

　　（2）根据就业信息的要求及时调整自己的知识、技能结构，提高自己的工作能力，弥补原来的不足。

　　（3）及时输出对他人有用的信息。有些信息对自己不一定有用，可是对他人却十分有用，遇到这种情况，千万不要抓住这些信息不放手。主动输出对他人有用的信息，不仅是对他人的帮助，而且他人顺利就业自然也使你减少了一个竞争者。同时，这样做还增加了与他人交流信息、增进友谊的机会。

拓展延伸

收集就业信息的注意事项

收集就业信息是毕业生求职择业前的一项重要任务。因此，毕业生必须利用各种渠道、各种手段，广泛、全面地收集与择业有关的各种信息，为就业做好充分的准备。收集就业信息时应注意以下几点。

1. 广泛与重点相结合

当今社会科学技术迅猛发展，边缘学科、交叉学科不断出现，知识的渗透性更加明显，社会行业也由过去的专项性向综合性发展。所以，在收集信息时不要仅仅局限于专业对口单位，对非对口单位的需求信息也要注意收集。但是在广泛收集的基础上，要确保重点，要全面了解专业对口单位的需求，因为这样的单位对符合专业特点的人才的需求量更大。

2. 纵向与横向相结合

市场经济的发展要求地域之间加快人、财、物的流动和流通，取长补短，相互促进，形成合理、完善的人才机制。所以在收集人才信息时，一方面要把本省、市的人才需求收集起来，另一方面也要注意收集不同地区、不同领域的人才需求信息。

3. 动态与静态相结合

社会各行业对人才的需求具有相对的连续性和稳定性，需要毕业生及时准确地获取当年的需求信息。同时，各行业也是在竞争中求生存，随着经济的发展、市场的调节而变化。因此，毕业生必须了解、掌握、预测社会各行业在一个时期内对各类人才需求的动态信息，增强择业的预见性和主动性。

探索活动

就业信息收集与处理

活动目的：
掌握就业信息收集与处理的方法。

活动内容：
（1）依据你的专业、职业兴趣和优势写出几个你想从事的职业，并了解相关信息。
（2）说一说你的就业信息来源有哪些，并通过这些渠道搜索更多相关信息。
（3）对所收集的就业信息进行整理与分析，从中筛选出符合自己职业定位的信息。

能力训练

某职业学校机械系毕业生王某，在学校举办的毕业生招聘会上被山西大同市一家效益较好的企业的招聘人员看中。招聘人员认为他的条件不错，愿意接收，而且表示他到单位后会有很好的发展前景。虽然王某也愿意到该单位去，但觉得大同有些偏僻，气候不好。于是他就去找就业指导中心的老师咨询，老师们一致认为该单位的整体情况不错，应抓紧时间尽快决定。可能是因为这个机会来得太容易，王某反而做出了不去该单位的决定。但仅仅过了3天，王某就改变了主意，又想去该单位工作（这时负责招聘的人员已经离开学校了）。后经联系，该单位表示现在该专业的招聘计划已经完成，对王某不予接收。

请问：从上述案例中，你得到了哪些启示？

模块二

求职准备

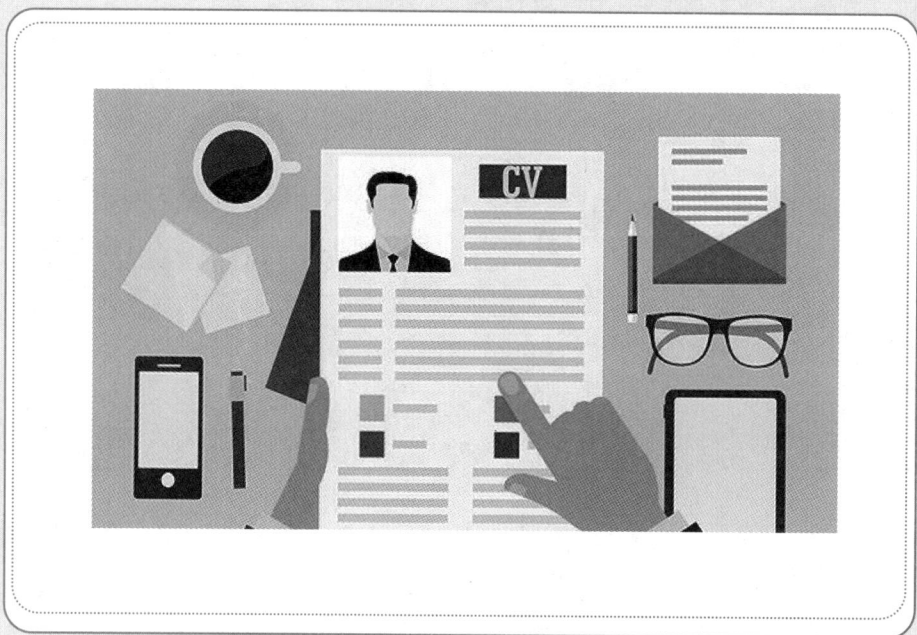

引导案例

小王的求职经历

小王毕业于某职业学校广告设计专业，现在在一家广告公司工作。她觉得自己之所以能被这家广告公司留下，除了踏实诚恳的学习态度外，独具风格的简历起到了很大的作用。

小王在求职的时候，并没有很确定的目标，她认为只要找到符合自己兴趣的工作就行。当她看到一家广告公司的招聘信息时，就抱着试一试的心理去了。"那个岗位要求应聘者有创新意识及 Photoshop 方面的技能，我认真地分析了岗位要求后，按照要求制作了一份独特的简历。简历的形式是这样的：我用 Photoshop 做了一个淡蓝色的、有'求'字形图案的背景；简历内容以产品说明书的形式呈现，写着产品名称（自己的名字）、产地（毕业院校）、产品特性（所掌握的专业技能）等。后来，招我进去的人事经理告诉我，我的简历吸引了她，让她觉得我有创新意识。"

知识链接

一、求职材料的准备

求职材料是指毕业生为了求职成功而准备和使用的各种书面材料，这里主要介绍求职信和简历。

（一）求职信

求职信是毕业生针对招聘岗位而向用人单位进行自我推荐的书面材料。

1. 求职信的格式

求职信的重点在于"荐"，在构思上一定要围绕"为何荐""凭何荐""怎样荐"的思路安排。其书写格式与一般书信大致相同，包括标题、称呼、正文、结尾和落款。

（1）标题，即求职信的标志和称谓，要求简洁、醒目。

（2）称呼，即对主送单位或收件人的称呼，要求正规、准确。

（3）正文，是求职信的核心部分，其形式多样，风格各异。正文应当包括以下内容：① 简单自我介绍；② 说明求职信息的来源；③ 说明应聘职位；④ 说明能胜任该职位的理由；⑤ 暗示发展前途及潜力。

（4）结尾，一般包括两项内容，一是盼回复，二是祝词。

（5）落款，应署名并注明日期，署名一定要手写。

2. 撰写求职信的禁忌

一般来说，撰写求职信有以下六大禁忌：

如何写好求职信

（1）忌长篇大论。用人单位不会花很长时间来阅读求职信，篇幅太长会使用人单位产生厌烦心理，甚至认为求职者的概括能力不强。因此，求职信的内容应以简洁为原则，尽量在一页纸内完成。

（2）忌堆砌辞藻。华而不实的语言属于大话、空话、套话，并没有实际的作用。那种虽无豪言壮语，但读起来亲切、自然、实实在在的求职信，反而能给用人单位留下深刻的印象。

（3）忌夸大其词。在措辞方面要留有余地，不要说得过于绝对。如"我能适应各种工作""我将会给贵单位带来新的生机"之类的表述，只会给用人单位留下"很幼稚"的印象。

（4）忌缺乏自信。适度的谦虚是一种美德，也会使对方产生好感，但过分的谦虚则是不自信的表现。在写求职信时，忌用"虽然我资历不够""虽然我不是名校的毕业生"等语句，因为用人单位关心的是应聘者是否符合招聘岗位的要求。

（5）忌千篇一律。撰写求职信时要有自己的风格与特点，而不能千篇一律，落入俗套。立意新颖、语言独特的求职信才能给对方留下深刻的印象，引起招聘者的注意，进而挑起招聘者的兴趣，使自己获得面试的机会。因此，一定要把自己的强项写出来，将自己的亮点展示出来。

（6）忌粗心大意。只有经过严格推敲和修改后的求职信才能收到良好的效果，因此，要重复翻看求职信，以避免出现错别字和语法错误。资料也要齐全，切记要留下详细的联系方式。

（二）简历

简历是一个人生活、学习、工作、经历、成绩的概括集锦，其真正目的就是让用人单位全面了解自己，从而为自己创造面试的机会。

1. 简历的基本要素

一份完整的简历通常包括个人基本情况，教育背景，求职意向，本人经历，知识、技能和品质，个人特长及所获荣誉，自我评价等基本要素。简历是用人单位对求职者的第一印象，因此，求职者应认真对待。

2. 撰写简历的原则

（1）简短。简历不要太长，一般应届毕业生的简历有一页 A4 纸即可。要想在短时间内迅速抓住招聘者的眼球，简历一定要短小精悍。

（2）清晰。简历应一目了然，确保阅读者一眼就能看到他们需要的信息；要使用简单、通俗易懂的语言，而不要用一些晦涩难懂的语言；尽量不使用缩略语或流行词汇；若打印，应选择合适的字体和字号。

（3）准确。从简历中能看出一个人的语言文字功底和修养，而招聘人员考查应聘者的文字能力、细心程度等内容就是从简历开始的。因此，表达清楚、准确、规范，是简

历语言的基本要求。

（4）整洁。整洁的简历能使阅读者在看到内容之前就产生好感，从而产生阅读的兴趣。因此，简历最好用激光打印机打印，而不要使用效果不佳的油印、复印，并注意保持简历的干净整洁。

（5）真实。撰写简历既不能夸张（自负），也不能消极地评价自己（过分谦虚），更不能编造。简历一定要用心设计，内容要真实。有些简历一看就知道是抄袭他人的，有些甚至是张冠李戴，这样的简历是无法给求职者争取到面试机会的。

如何让你的简历脱颖而出

案例阅读

简历信息真实最重要

王某的身高是 171 cm，但他听说很多单位招聘时对身高有要求，于是就在简历的"身高"栏内填写了"175 cm"。参加招聘会的时候，为了使自己的身高显得与简历相符，他特意穿了一双鞋跟比较高的皮鞋。某知名企业需要招聘管理人员，薪资待遇很好，但要求身高在 175 cm 以上。王某递上了自己的简历后，用人单位还专门强调了身高方面的要求，并问他是否确定自己的身高符合要求。为了通过第一关，王某说他绝对符合，招聘人员也比较满意。

过了几天，该单位通知他前去面试，王某坐汽车颠簸了几个小时来到位于郊区的该单位，结果面试的第一项就是测量身高。由于弄虚作假，王某在面试中第一个就被淘汰了。

点评： 王某在身高方面作假，最终被淘汰，这是得不偿失的。因此，毕业生撰写简历时，一定要注意简历信息的真实性。

二、求职心理的准备

职校生不仅要学习科学文化知识，掌握专业技能，具有强健的体魄和良好的思想道德素质，还应该具备良好的心理素质。对毕业生来说，调整择业心态，做好充分的心理准备，勇敢地迎接挑战，在择业过程中是非常重要的。

（一）竞争的心理

达尔文的生物进化论提出，适者生存。同样，"适者生存"这一法则也适用于当今社会的就业市场。竞争是人类的一种本能，在知识和技能不断激增和强化的今天，优胜劣汰的市场环境让这种本能变成了人们必须具备的一种能力素质。

随着社会的不断发展进步，各国的市场经济竞争变成了人才的竞争。要成为一名合格的现代化人才，就必须具备竞争心理、竞争能力，并具有积极参与竞争的行动。只有这样，才能在竞争激烈的社会中取得进步。

（二）合作与宽容的心理

社会是由许多人组成的一个大团体，要想在社会中生存，合作与宽容是同等重要的。每个学生都应该明白，一个宽容的集体一定会是一个团结向上的集体，到处充满矛盾与战火的团体最终肯定会一事无成。在工作和生活中，可能会遇到这样或那样的事情，职校生一定要做好合作与宽容的心理准备，用良好的心态来迎接挑战。

（三）长远发展的心理

毕业生在求职的时候，应该对未来有很好的认识，能够把握未来的发展方向。首先做好长远发展的心理准备，然后再择业、就业。只有对自己的未来有长远的规划，在心里有目标、有方向，才能在工作和生活中不骄不躁，脚踏实地地走好每一步。

（四）承受挫折的心理

每个人在从事有目的的活动或工作时，都可能会遇到各种各样的障碍和挫折，这时所表现出来的心理情绪反应被称为挫折心理。职校生要具备良好的心理素质，在遇到困难和障碍时，不要消极地面对，而是要认真反思，找出问题并积极地解决问题。

案例阅读

小董在学校里一直是个积极向上的小伙，可最近总是埋怨工作难找，急得像热锅上的蚂蚁。职校毕业的他不知道跑过多少次人才市场，光制作简历、打印等费用就花费了百余元，投递过的无数简历都石沉大海。

小董越来越没有方向，越来越不自信，越来越摸不着头脑。我该选择哪些领域的公司？我该应聘哪些种类的职位？职业学校毕业的教育背景，能竞争过别人吗？太多的问号，无数的挫折，让小董患上了求职恐惧症。

点评：即将毕业的学生应该以平常心对待就业，发挥自己的实力，克服心理障碍，才能找到让自己满意的工作。

（五）放弃从众的心理

人云亦云，随大流，没有自己的主见，这是从众的典型特征。从众心理的形成可能是因为社会或群体的压力，而迫使个人放弃了自己的意见去采取顺从行为；也可能是因为个人本身就没有自己的打算和长远的人生目标，而只能跟随众人的脚步，随波逐流。但是不管原因如何，毕业生在面对择业问题时，都不应该具有这种消极的心理，而应该具有很强的独立思考能力和分析问题的能力，要学会独立解决问题，力求摆脱从众心理的束缚。

（六）丢掉嫉妒的心理

嫉妒心理是指当别人的品质、才能、成就等超越自己时，所产生的那种迫切想要贬低别人的心理倾向。这种心理是非常不可取的，是求职择业和人生成长的大敌。现代青年要具有消除嫉妒、驱除私念的决心，拥有开阔的心胸和视野，在竞争中学习别人的长处，努力使自己进步，不可被嫉妒冲昏头脑。

（七）摒弃虚荣的心理

虚荣心是一种很不健康的心理状态，会妨碍求职的成功。如果虚荣心过强，求职者在求职过程中就会将注意力集中在知名度高的企业上。他们选择职业并不是从自身的优势出发，而是为了得到别人羡慕的眼光。这种求职心态非常不正常，对于个人以后的发展也是有害的。

其实，学生在选择职业时，不是在为别人选择，而是在为自己选择。选择职业要从自身实际出发，摒弃虚荣心，找到属于自己的理想职业。

（八）避免攀比的心理

为了共同的目标，适度的竞争是无可厚非的，但如果演变成彼此攀比，就不可取了。因为如果事事都想与人攀比、争胜，势必会使攀比者本身显得缺乏主见。在求职过程中，攀比心理会使求职者将注意力过多集中到他人的就业取向上，而忽略自己的实际能力和就业取向，从而放弃适合自己的工作。

（九）抑制怯懦的心理

怯懦是一个人缺乏自信的心理表现。职校生接触社会的机会较少，因此在与用人单位见面的时候，经常会出现面红耳赤、手足无措、语无伦次的现象。自己辛辛苦苦准备的"台词"一时间都抛到了脑后，这对正常水平的发挥非常不利。因此，毕业生在步入社会时，必须要克服怯懦心理，并且要学会用意念控制自己的情绪，暗示自己要镇静，告诉自己一定能成功。

（十）克服自卑的心理

自卑是自我评价过低的一种心理表现。自卑的人通常缺乏自信和勇气，总认为自己不如别人，遇事退让，不敢竞争。他们对前途感到迷茫，对社会上的竞争感到惧怕。一般情况下，自我意识不健全、性格内向或生理有缺陷的毕业生会表现出自卑倾向。这类人尤其要克服自卑心理，要相信自己的能力、水平，不要遇到问题就对自己产生怀疑，只有这样才能很好地参与正常的社会竞争。

案例阅读

小周是某职业学校的毕业生，学习成绩较好，连年获得学校奖学金，还获得过国家奖学金。毕业前，他与同学们一起参加了几次招聘会，眼看同学们一个个"名花有主"，而他不但没有落实用人单位，而且有的用人单位还对他这个"优等生"冷言冷语、不屑一顾，小周心里非常难过。

为什么会出现如此局面呢？小周经过分析，认为找到了原因，比如他来自偏远落后的农村，没有什么可用的关系；个子矮、长相不好；性格内向，不善言辞等。总之，他认为自己除了学习好之外，再也没有其他优势了，而学习好又得不到用人单位的认可，他感到对不起含辛茹苦的父母，自卑感油然而生，害怕再到人才市场。即将毕业时，他没有再迈出校门，大多数时间都在宿舍睡觉或上网玩游戏。

点评： 小周因为学习成绩好，起初对自己找工作是满怀信心的，但随着求职失败，他开始找自身的原因，夸大了自身的不足之处，从而产生了强烈的自卑感，进而出现了求职恐惧。其实，小周从开始求职时就是比较盲目的，缺乏对就业形势和具体用人单位的了解，也缺乏对自己全面客观的认识。小周在求职前，应该做好充分的准备，特别是对自我的正确认识。在出现求职挫折时，应进行及时调适，而不是自暴自弃。

拓展延伸

如何让你的电子简历更"抢眼"

据统计，规模较大的企业一般每周要接收 500～1 000 份电子简历，其中 80%在管理者浏览不到 30 秒后就被删除了。要让别人在半分钟内通过一份 E-mail 对你产生兴趣，拥有一份个性化的电子简历就显得极为关键。

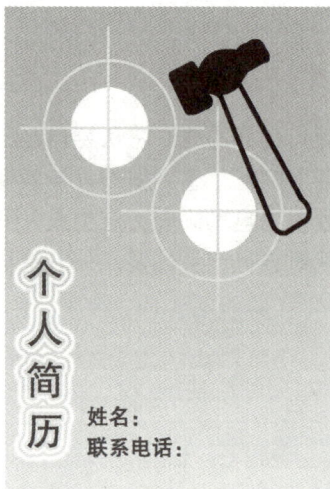

个人简历

姓名：
联系电话：

1. 放大你的"卖点"

简历中有几栏是用来给对方留下深刻印象的，也是决定对方是否给你面试机会的关键，如何写好这几部分的内容很重要。

（1）成绩。以你的傲人成绩去打动未来的雇主，突出你的技能和成绩。集中对能力进行细节描写，运用数字、时间等量化手段加以强化。避免使用人称代词"我""我们"等。

（2）能力。对各方面能力加以归纳和汇总，扬长避短，以无可争议的工作能力和个人魅力征服未来的雇主。用词应简单明确，观点鲜明，引人入胜。

（3）工作经历。应当包括你所有的工作历史，无论是有偿的还是无偿的、全职的还是兼职的。在保证真实性的前提下，尽量扩充与丰富你的工作经历，但用词必须简练，不要只针对工作本身，业绩和成果更为重要。

（4）嘉奖。简历中的大部分内容是经历和成绩的主观记录，而荣誉和嘉奖将赋予它们实实在在的客观性。在简历中，要强调奖项是你资历的重要证明，以及奖项与你所求职务的相关性。

2．扣人心弦的"开场白"

求职成功最基本的就是要对自己有一个客观全面的了解，然后根据自身情况准备好所需材料，一般包括求职信和简历。求职信是简历的"开场白"，其功能是激发招聘者的阅读兴趣。为了使招聘者了解你申请的是哪个职位，并对你有更深刻的印象，发送简历的时候，应连同求职信一并发出。

3．别让简历成为"格式化"的牺牲品

模块化简历虽然简单易行，但并不能满足不同公司的不同需求，因此网上简历必须注意到一些特殊的需要。

（1）有的放矢。人力资源部门总是收到许多不合格的简历，也就是说不适合该公司职位的简历。因此，在发送简历的时候，应该注明申请的是什么职位，并说明你能否胜任这个工作。

（2）不用附件。虽然以附件形式发送的简历看起来效果更好，但是由于病毒的威胁，越来越多的公司都要求求职者不要用附件发送简历，甚至有些公司把所有带附件的邮件全部删除。

（3）美化"纯文本"。电子简历在格式上应该简洁明了、重点突出，因为招聘者通常只看他们最感兴趣的部分。另外还有一个好办法就是把制作好的精美简历放到网上，再把网址告诉招聘者。

4．最大限度地抢夺眼球

网上求职时主要精力应该放在拥有人才数据库的招聘网站上，要把你的简历放到他们的数据库中。因为用人单位会来这些网站浏览或直接索要符合其要求的简历。总的来说，应该让用人单位带着明确的目的来找你，其效果要胜过自己向大量公司毫无目的地发放简历。

在申请同一公司的不同职位时，最好能发两封不同的电子简历，因为有些求职网站的数据库软件能自动过滤掉第二封信件，以免造成冗余。另外，发送电子简历时要错开高峰期，上网高峰一般在中午至午夜，这段时间传递速度非常慢，而且还会出现错误信息，因此，要择机而动。

探索活动

制作自己的专属简历

活动目的：
根据自身实际情况制作一份求职简历，为求职做好准备。

活动内容：

在以下简历模板中填写个人信息，注意简历内容必须符合自身实际情况，不得出现虚假信息。

个人简历

照片栏

个人概况：

姓　　名：_____　　性　　别：_____　　籍　　贯：_____

出生日期：_____　　民　　族：_____　　现所在地：_____

婚姻状况：_____　　健康状况：_____　　政治面貌：_____

毕业院校：_____　　专　　业：_____　　最高学历：_____

电子邮件：_____　　联系电话：_____　　邮　　编：_____

通信地址：_____

求职意向：_____

教育经历：

_____

_____

主修课程：

_____（注：如需要详细成绩单，请联系我）

英语水平：

基本技能：_____

标准测试：_____

计算机水平：

编程、操作应用系统、网络、数据库……（请依个人情况酌情增减）

获奖情况：

_____

_____

实践与实习：

_____

_____

工作经历：

_____

_____

个性特点：

（请描述出自己的个性、工作态度、自我评价等）

_____

_____

附言：

（例如，相信您的信任与我的实力将为我们带来共同的成功，希望我能为贵公司贡献自己的力量！）

_____

_____

能力训练

1．根据自身实际情况，撰写一份求职信。
2．结合身边案例，谈谈如何保持积极、健康的求职心理。

求职择业的方式和技巧

引导案例

无形的面试

　　小李是某职业学校企业管理专业的学生，毕业前只身前往深圳求职。有一天，他在广告信息栏中看到南方化工厂招聘库料总管的信息。于是，小李抱着试试看的心情前去应聘。

　　小李赶到招聘现场，化工厂的院子里早就来了一群应聘者。小李看到院子里一片狼藉，地上有许多白纸，他弯下腰拣起一张，是洁白的、质地很好的复印纸，又拣起一张还是复印纸。多么可惜呀！小李禁不住俯下身去一张一张地捡起来，一会儿工夫就捡了厚厚的一沓白纸。

　　这时，一个西装革履、胖胖的老头走上前拍拍小李的肩膀说："小伙子，你是来应聘的吧？怎么不进去？"小李对长者说："这工厂太浪费了，这么好的纸扔在地上任人践踏，不知道他们的老总是怎么管理的，这样浪费下去，准有破产的那一天！"老头笑了，拉着小李的手说："我是南方化工厂的总经理，小伙子，你通过面试了，相信你一定会成为一名出色的库料总管！"

知识链接

一、求职方式

　　毕业生要想让用人单位认识、了解、选择自己，就必须通过自荐或推荐的方式宣传、展示、推销自己。自荐和推荐是毕业生求职择业的基本环节，是就业的基础。

（一）自荐

　　自荐即自我推荐，是指自告奋勇，自己推荐自己担任某项工作。综合起来，自荐的方式主要包括以下几种。

1. 现场自荐

　　这种自荐方式要求求职者必须亲临用人单位或招聘现场。其优点是直接面对用人单位，便于展示自己的风采，容易给人留下深刻印象，如果表现出色，可能会被当场录用。其缺点是覆盖面有限，有时受时间、精力和地域的限制。

2. 书面自荐

　　书面自荐即通过邮寄或递送自荐材料的方式推销自己。此种方式覆盖面广，可以扩大自荐范围，不受时空限制，不受"临场发挥"和"仪表效应"的影响，因此是毕业生求职择业过程中常用的自荐方式。

3．电话自荐

电话自荐即通过电话推荐自己的求职方式。在求职过程中，电话自荐起着"敲门砖"的作用。求职者可以通过电话自荐，用最简洁明了的语言展示自己，尽可能给对方留下深刻、良好的印象，为面试打下良好的基础。

4．广告自荐

广告自荐主要是借助有关毕业生就业的杂志、报纸、广播或电视等媒体向社会推荐自己。这种方式覆盖面广，受众广泛。有特殊专长的毕业生采取这种方式，往往会收到意想不到的效果。

5．网络自荐

毕业生可将自荐材料上传至专门的毕业生就业信息网站或人才招聘网站，也可以直接给用人单位的人事部门发送电子邮件。这种方式受众广泛而且层次较高，供需双方可在网上及时交流、沟通，且成本相对较低。随着信息技术的飞速发展，这种自荐方式今后会被越来越多的毕业生和企业招聘人员所接受。

6．实习自荐

毕业生利用实习的机会，可全方位地表现自己，也更方便与实习单位的领导交流沟通。

（二）推荐

推荐是由学校、老师、同学、亲友、中介机构等向用人单位介绍毕业生的情况。

1．学校推荐

学校向毕业生推荐的单位往往是主动向学校提供明确的用人需求，或是与学校有密切关系、相互信任的用人单位。因此，用人单位的情况明确，就业信息可靠。同时，在用人单位看来，学校对毕业生的推荐可信度高、有权威性，因此，经过学校的推荐，求职者和用人单位往往容易相互认可，成功率较高。

2．他人推荐

有的教师与一些对口用人单位的领导或业务骨干有较为密切的联系，或已在某个行业、学科中具有较高的学术声望，因此，他们的推荐容易引起用人单位的重视。此外，父母、亲友的推荐可帮助毕业生扩大择业的范围，有助于毕业生成功择业。

3．中介机构推荐

中介机构推荐即把自己的择业信息发送给中介机构，由他们向用人单位推荐的方式。这种方式最大的好处是中介机构对外联系广泛，缺点是中介机构对供需双方缺乏深入的了解，而且一些中介机构会收取一定的中介费用。

二、求职技巧

（一）面试

面试是用人单位在规定的时间和空间内，通过当面交流来考核应试者的一种招聘方式。这是毕业生求职时所要面临的一个重要环节。

1．面试的形式

面试有很多种形式，根据面试的内容与要求，大致可分为以下几种。

（1）问题式面试。由招聘者按照事先拟订的提纲对求职者在特殊环境中的表现进行考核，判断其解决问题的能力，从而获得有关求职者的第一手资料。

（2）压力式面试。由招聘者有意识地对求职者施加压力，就某一问题或某一事件进行一连串的发问，详细具体且追根问底，直至求职者无以对答。此形式主要考查求职者在特殊压力下的反应、思维敏捷程度及应变能力。

（3）随意（自由）式面试。招聘者与求职者海阔天空、漫无边际地进行交谈，气氛轻松活跃，无拘无束，招聘者与求职者自由发表言论，各抒己见。此形式的目的是在闲聊中观察应试者的谈吐、举止、知识、能力、气质和风度，对其综合素质进行全方位的考查。

（4）讨论式面试。在讨论式面试中，招聘者往往让多个应试者共同解决一个有趣的问题，类似于集体游戏，使应试者更自然地展示自己的性格和能力。此形式重在考查应试者的个人能力和团队合作能力，因此，应试者要把握好个人表现与小组表现的平衡，切忌以自我为中心，做出只顾自己表现而不注意小组其他成员的行为。

（5）情景式面试。由招聘者事先设定一个情景，提出一个问题或一项计划，请应试者进入角色模拟完成。其目的在于考核应试者分析问题、解决问题的能力。

（6）隐蔽式面试。这是一种特殊形式的面试，招聘者主要通过从暗中观察应试者的言行举止来决定对其的评价。这种形式可以使招聘者获得应试者在自然状态下的真实表现，故受到一些用人单位的欢迎；而毕业生常常因为其隐蔽性而放松警惕，有的甚至在这种面试中失败了也懵然不知。

（7）综合式面试。招聘者通过多种方式考查应试者的综合能力和素质，如用外语与其交谈、要求即时作文或即席演讲、要求写一段文字，或者操作计算机等，以考查其外语水平、文字能力、书面及口才表达等能力。

2．面试的内容

面试内容也称测评项目或测评要素，是指面试时需要测评的应试者的基本素质。常见的面试内容主要包括以下几个方面。

（1）仪表风度。这包括应试者的体型、外貌、气色、衣着举止、精神状态等。研究表明，仪表端庄、衣着整洁、举止文明的人，一般做事有规律、注意自我约束、责任心强。

（2）专业知识。对专业要求较高的岗位，在面试中，主考官往往会对应聘者提一些专业方面的问题，以了解应聘者掌握专业知识的深度和广度，考查其专业知识是否符合所录用职位的要求。

（3）实践经验。面试官会根据应聘者的个人简历或求职登记表进行相关的提问，了解应聘者的有关背景及实践经历。通过对实践经验的了解，还可以考查应聘者的责任感、主动性、思维能力、口头表达能力等。

（4）口头表达能力。口头表述能力的考查主要是看应聘者能否将自己的思想、观点、意见或建议顺畅地用语言表达出来。考查的具体内容包括：表达的逻辑性、准确性、感染力、音质、音色、音量和音调等。

（5）综合分析能力。综合分析能力的考查主要是看应聘者是否能对主考官所提出的问题通过分析抓住本质，并且说理透彻、分析全面、条理清晰。

（6）反应能力与应变能力。反应能力与应变能力主要是看应聘者对主考官所提的问题理解是否准确，回答是否迅速；对于突发问题的反应是否机智敏捷；对于意外事情的处理是否妥当等。

案例阅读

某合资企业到某职业学校招聘销售化妆品的业务员。该化妆品在市场上很受欢迎，而且公司还规定：业务员除了有较高的底薪外，还有一定比例的销售奖。当时，有许多学生都想来试试运气。其中有个长相普通、脸上还有些雀斑的女生也报了名，经初步面试，该女生和另外四名同学一起入选。

为慎重起见，主考官们又进行了复试。复试采用的是场景模拟演示法，即让学生充当业务员，主考官当客户，当"业务员"按常规向"客户"介绍了产品之后，有个"客户"突然说："你说这个化妆品很好，还有祛斑养颜的作用，那你脸上为什么还有这么多雀斑？""业务员"听了一愣，但马上笑了笑："小姐，您不知道，我脸上的雀斑以前还要多，就是用了本产品之后，才变成现在这样少的。""客户"满意地笑了，高兴地对"业务员"说："不错，你很有勇气，很会说话，非常适合干这一行。"因此，她幸运地被录用了。

点评：应变能力是用人单位非常重视的。在该案例中，如果这位女生对"客户"的问题持反感态度，或者不知如何回答，结果又将是另一种局面。

（7）人际交往能力。在面试中，主考官往往通过询问应聘者经常参与哪些社团活动，喜欢与哪种类型的人打交道，以及在各种社交场合所扮演的角色，来了解应聘者的人际交往倾向和与人相处的技巧。

（8）工作态度。对工作态度的考查一般包括两个方面：一是应聘者对过去学习、工作的态度；二是应聘者求职应聘的态度。一般认为，在过去的学习或工作中态度不认真，做什么、做好做坏都无所谓的人，在新的工作岗位上也很难做到勤勤恳恳、认真负责。

（9）求职动机。通过了解应聘者为何希望来本单位工作，对哪类工作最感兴趣，在工作中追求什么，来判断本单位所能提供的职位或工作条件等能否满足其工作要求和期望。

（10）兴趣与爱好。主考官通过对应聘者提一些诸如休闲时间爱从事哪些运动，喜欢阅读哪些书籍，以及喜欢什么样的电视节目等问题，来了解应聘者的兴趣与爱好，以利于录用后的工作安排。

此外，面试时主考官还会向应聘者介绍本单位及拟聘职位的情况与要求，讨论薪资、福利等应聘者关心的问题，并回答应聘者问到的其他问题。

课堂互动

在上述面试所考核的内容中，你还有哪些不足？你将如何完善这些不足之处？

3. 面试前的准备

（1）信息准备。一般来说，毕业生可通过用人单位的内部宣传资料、网站、杂志、报纸、广告宣传手册和新闻媒体的报道等渠道来了解用人单位的性质、规模、特色、组织机构、发展前景、企业信誉等情况；用人单位对员工的工作要求，以及给予员工的报酬、培训等情况；用人单位招聘职位的性质、工作内容、所需知识和技能。若事先对这些情况一无所知或知之甚少，在面试时容易处于被动的境地，也容易给用人单位招聘者留下"你不关心我单位"的不良印象，从而影响面试成绩。

（2）材料准备。参加面试要带好求职信、个人简历、成绩单及有关证书（原件和复印件）等材料。如果应聘外资企业，最好将求职信、个人简历等材料整理为中英文对照格式。即使曾经发过求职信和个人简历，也应该再带上一份材料，以备用人单位查看。

（3）面试训练准备。刚毕业的学生缺乏求职面试经验，在面试前有必要进行一些面试技巧训练，包括学习聆听、敏捷反应、沉着应对、说话有条理、举止得体等。毕业生可以通过参加学校就业指导课或讲座、查阅有关面试的指导书籍、模拟面试等途径进行训练。

（4）心理准备。面试好比是一场考试，既测试个人的能力，也测试个人的心理素质。因此，要想面试成功，首先要充满信心。自信会让人散发出一种光芒，不仅使自己更有动力，也使招聘者心情舒畅。

（5）形象准备。招聘者对应试者的第一印象不是来自应试者的能说会道，而是应试者的穿衣、发型、气质。因此，面试前还应注意修饰自己的仪表，使穿着打扮与应聘的职业岗位相符合，与年龄、身份、个性等相协调。

面试时的基本着装礼仪

（6）对可能谈论到的问题的准备。这项内容有两个方面：一是可能要你回答的问题；二是你要提出的问题。

4. 面试过程中的注意事项

（1）要谦虚谨慎。面试时，对方往往是多数人，其中不乏专家、学者，因此，应试者在回答一些比较有深度的问题时，切不可不懂装懂，不明白的地方就要虚心请教，这样才会给用人单位留下诚实的好印象。

（2）要机智应变。面试时经常会遇到这些情况：未听清问题，听清了问题自己一时不能作答，回答时出现错误或不知怎么回答，这些情况都可能使应试者处于尴尬的境地。避免尴尬的技巧是：对未听清的问题，可以请求对方重复一遍或解释一下；一时回答不出可以请求主考官提下一个问题，等考虑成熟后再回答前一个问题；遇到偶然出现的错误，不必耿耿于怀，以免思路被打乱。

（3）要扬长避短。每个人都有自己的特长和不足，无论是在性格上还是在专业上都是这样。因此在面试时一定要注意扬我所长、避我所短，必要时可以婉转地说明自己的不足，用其他方法加以弥补。

（4）要显示潜能。面试的时间通常很短，求职者不可能把自己的全部才华都展示出来，因此要抓住一切时机，巧妙地显示潜能。例如，应聘会计职位时可以将正在参加计算机专业的业余学习情况"漫不经心"地讲出来，使对方认为你不仅能熟练地掌握会计业务，而且具有发展会计业务的潜力。要注意的是，显示潜能时要实事求是、自然、巧妙，否则也会弄巧成拙。

（二）笔试

笔试是指用人单位为考查应试者是否具备招聘岗位所需的知识和技能而以书面形式进行的测试。笔试是招聘过程中的一种常用考核方法，主要适用于应试人数较多、需要考核的知识面较广或需要重点考核文字能力的情况。

1. 笔试的种类

按考试的侧重点分类，目前求职过程中的笔试一般有以下几种。

（1）专业考试。专业考试主要是为了检验应试者的专业知识水平和相关的实际能力。一般用人单位在接收毕业生时，主要是看学校提供的推荐表及成绩单，同时再辅以自荐材料，就可以了解其基本的知识能力等情况。但也有一些特殊的用人单位需要通过笔试对求职者进行文化专业知识的再考核。例如，制药企业招聘职员要考药理学专业知识，金融单位要考金融专业知识，公检法机关录用干部要考法律常识等。

（2）心理和智商测试。心理测试是要求被试者完成事先编制好的标准化量表或问卷，根据其完成的数量和质量来判定其心理水平或个性差异的方法。一些用人单位常常以此来测试求职者的态度、兴趣、动机、智力、个性等心理素质。

有些用人单位还对应试者进行智商测试，其目的主要是考查应试者的观察能力、综合分析能力、思维反应能力。智商测试主要为一些著名跨国公司所采用，他们对毕业生所学专业一般没有特殊要求，但

企业笔试的那些事

对毕业生的素质要求较高。

（3）技能测验。技能主要包括毕业生操作和使用计算机、英语会话和阅读能力，以及在财会、法律、驾驶等方面的能力。技能测验的目的是考查毕业生的动手能力和实践能力。

（4）命题写作。用人单位通过论文或公文写作的形式考查应试者的文字表达能力和分析归纳能力。例如，限时写出一份会议通知、请示报告或某项工作总结，也可能提出一个论点，让应试者予以论证或辨析等。

2. 笔试前的准备

求职过程中的笔试不同于学校平时的考试，用人单位的出题方式远比学校灵活多样。因此，在参加笔试之前，毕业生应当有针对性地做一些准备，以便充分发挥自己的水平，取得好成绩。

（1）了解笔试内容，做到心中有数。笔试的主要内容是基础知识和专业技能，以及与用人单位有关的某些知识和技能。不同的笔试类型有不同的考试内容，毕业生在考前应

详细了解，针对不同的情况做相应的准备。例如，公务员考试有明确的考试范围，考生复习起来就相对心里有数；其他用人单位的笔试则相对灵活，范围也比较大，也没有明确相关的参考书，毕业生可围绕用人单位划定的大致范围翻阅一些有关的图书资料。笔试成绩与毕业生平时的努力也有很大的关系，如果毕业生兴趣广泛，平时注意吸收各种信息，考试时就能驾轻就熟、得心应手。

（2）了解笔试重点，进行认真复习。用人单位比较重视考核应试者对所学知识的应用能力。在复习过程中，注意要理论联系实际，并对与招聘职位相关的各方面知识进行认真梳理，以便全面把握。复习时要广泛阅读相关知识，扩大知识面，提高阅读能力，以便应试时能应付自如地回答各类问题。为了适应笔试中的题量，还应培养快速阅读、快速思维和快速答题的能力。

要在笔试中取得好成绩，关键在于牢固地掌握所学知识。在系统复习前，制订合理、具体、切实可行的复习计划，掌握实用、有效、科学的记忆方法，无疑会为笔试打下成功的基础。

（3）了解笔试目的，运用综合能力。用人单位对毕业生进行笔试，不仅要考查他们的文化、专业知识，还要考查他们的心理素质、办事效率、工作态度、修养水平和思维方式等，所以毕业生在参加笔试时，要认真审题，领会考题暗含的主旨所在，将自己的认知水平、知识水平和能力水平通过笔试较好地展现出来。

（4）熟悉考试环境，做到有备无患。熟悉考试环境，主要是了解考场的设置情况，如自己所在考场的大小和空间位置等，最好弄清自己座号的具体位置，还要熟悉存包处及卫生间等位置。对于应试者来说，不仅要熟悉考场环境，还应熟记考场规则，并将每场考试的起止时间、作答要求等重要事项牢记于心。

（5）保持良好的身心状态。参加笔试时，需要保持良好的心理素质。临考前，一要正确评价自己，树立自信心，调整好心理状态；二要保持充足的睡眠，以避免考试时精神不振，影响正常思维。可以适当地参加一些文体活动，使高度紧张的大脑得到放松休息，以充沛的精力去参加考试。

3. 笔试的技巧

笔试的技巧因人而异，应试者可以根据笔试的情况，灵活作答。

（1）通读试卷。通读试卷可以了解题量及难易程度，以便掌握答题的速度，然后根据"先易后难"的原则排出答题的顺序，以免因为做难题而浪费太多时间。

（2）搞清题意。在答题之前，必须搞清楚题目的类型、要考查的知识点和考查的目的等。因为求职笔试试题不同于平时学习过程中的考试试题，它考查的知识面比较广，而且随意性、灵活性大，有些试题非常古怪，这时应试者必须冷静分析，给出最佳答案。

（3）积极自我暗示。笔试过程中，应试者由于准备时间不充分、没有经验或者题型生疏等原因，可能会感到无从下手。这时不要烦躁、慌张，因为这些情况可能对于大多数人来说都是存在的，所以要对自己进行心理调节和自我暗示。例如，告诉自己"我遇到的麻烦，大家同样遇到了""我的学习成绩较好，对于这类问题一样也能处理好"等。

（4）认真检查。答完试卷后要进行一次全面的检查，特别注意不要漏题、跑题，要改正错别字及语法错误之处，如果某个问题难以确定对与错，最好的方法是保留原有答案，不要改动，因为人的第一感觉往往更可靠。

（5）注意卷面整洁。笔试题中很大一部分都是开放性问题，应试者可以用整洁的卷面来赢得印象分。

拓展延伸

15 个经典面试问题的回答思路

问题一："请你自我介绍一下。"

思路：

（1）介绍内容要与个人简历相一致。

（2）表述方式上尽量口语化。

（3）要切中要害，不谈无关、无用的内容。

（4）条理要清晰，层次要分明。

（5）最好事先以文字的形式写好背熟。

问题二："谈谈你的家庭情况。"

思路：

（1）简单地罗列家庭人口。

（2）宜强调温馨和睦的家庭氛围。

（3）宜强调父母对自己教育的重视。

（4）宜强调各位家庭成员的良好状况。

（5）宜强调家庭成员对自己工作的支持。

（6）宜强调自己对家庭的责任感。

问题三："你有什么业余爱好？"

思路：

（1）最好不要说自己没有业余爱好。

（2）不要说自己有哪些庸俗的、令人感觉不好的爱好。

（3）最好不要说自己的爱好仅限于读书、听音乐、上网，否则可能令面试官怀疑你性格孤僻。

（4）最好能列举一些户外的业余爱好来"点缀"你的形象。

问题四："你最崇拜谁？"

思路：

（1）不宜说自己谁都不崇拜。

（2）不宜说崇拜自己。

（3）不宜说崇拜一个虚幻的或是不知名的人。

（4）不宜说崇拜一个明显具有负面形象的人。

（5）所崇拜的人最好与自己所应聘的工作能"搭"上关系。

（6）最好说出自己所崇拜的人的哪些品质、思想感染着自己、鼓舞着自己。

问题五："你的座右铭是什么？"

思路：

（1）不宜说那些易引起不好联想的座右铭。

（2）不宜说那些太抽象的座右铭。

（3）不宜说太长的座右铭。

（4）座右铭最好能反映出自己的某种优秀品质。

（5）参考答案——"只为成功找方法，不为失败找借口"。

问题六："谈谈你的缺点。"

思路：

（1）不宜说自己没缺点。

（2）不宜把那些明显的优点说成缺点。

（3）不宜说出严重影响所应聘工作的缺点。

（4）不宜说出令人不放心、不舒服的缺点。

（5）可以说一些对于所应聘工作"无关紧要"的缺点，甚至是一些表面上看是缺点，从工作的角度看却是优点的缺点。

问题七："谈一谈你的一次失败经历。"

思路：

（1）不宜说自己没有失败的经历。

（2）不宜把那些明显的成功说成是失败。

（3）不宜说出严重影响所应聘工作的失败经历。

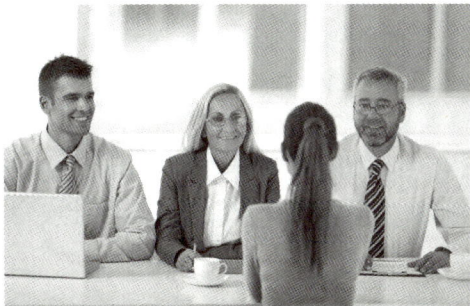

（4）所谈经历的结果应是失败的。

（5）宜说明失败之前自己曾信心百倍、尽心尽力。

（6）说明仅仅是由于外在客观原因导致失败。

（7）说明失败后自己很快振作起来，以更加饱满的热情面对以后的工作。

问题八："你为什么选择我们公司？"

思路：

（1）建议从行业、企业和岗位这三个角度来回答。

（2）参考答案——"我十分看好贵公司所在的行业，我认为贵公司十分重视人才，而且这项工作很适合我，相信自己一定能做好。"

问题九："对这项工作，你有哪些可预见的困难？"

思路：

（1）不宜直接说出具体的困难，否则可能令对方怀疑应试者不行。

（2）可以尝试迂回战术，说出对困难所持有的态度，如"工作中出现一些困难是正常的，也是难免的，但是只要有坚忍不拔的毅力、良好的合作精神及事前周密而充分的准备，任何困难都是可以克服的。"

问题十："如果我录用你，你将怎样开展工作？"

思路：

（1）如果对应聘的职位缺乏足够的了解，最好不要直接说出自己开展工作的具体办法。

（2）可以尝试采用迂回战术来回答，如"首先听取领导的指示和要求，然后就有关情况进行了解和熟悉，接下来制定一份近期的工作计划并报领导批准，最后根据计划开展工作。"

问题十一："与上级意见不一致时，你将怎么办？"

思路：

（1）一般可以这样回答："我会对上级进行必要的解释，如果上级坚持己见，我会服从上级的意见。"

（2）如果面试你的是总经理，而你所应聘的职位另有一位经理，且这位经理当时不在场，可以这样回答："对于非原则性问题，我会服从上级的意见，对于涉及公司利益的重大问题，我希望能向更高层领导反映。"

问题十二："我们为什么要录用你？"

思路：

（1）最好站在用人单位的角度来回答。

（2）参考答案——"我符合贵公司的招聘条件，凭我目前掌握的技能、高度的责任感、良好的适应能力及学习能力，完全能胜任这份工作。我十分希望能为贵公司服务，如果贵公司给我这个机会，我一定能成为贵公司的栋梁！"

问题十三："你能为我们做什么？"

思路：

（1）基本原则是"投其所好"。

（2）回答这个问题前最好能"先发制人"，了解用人单位期待这个职位所能发挥的作用。

（3）可以根据自己的了解，结合自己在专业领域的优势来回答这个问题。

问题十四："你是应届毕业生，缺乏经验，如何能胜任这项工作？"

思路：

（1）如果用人单位对应届毕业生提出这个问题，说明他们并不真正在乎"经验"，关键是看应试者怎样回答。

（2）对这个问题的回答最好要体现出应试者的诚恳、机智、果敢及敬业。

（3）参考答案——"作为应届毕业生，我在工作经验方面的确会有所欠缺，因此在读书期间我一直利用各种机会在这个行业里做兼职。我也发现，实际工作远比书本知识丰富、复杂，但我有较强的责任心、适应能力和学习能力，而且比较勤奋，所以在兼职中均能圆满地完成各项工作，从中获取的经验也令我受益匪浅。请贵公司放心，学校所学及兼职的工作经验一定能使我胜任这个职位。"

问题十五："你希望与什么样的上级共事？"

思路：

（1）最好回避对上级的具体希望，多谈对自己的要求。

（2）参考答案——"作为刚步入社会的新人，我应该多要求自己尽快熟悉环境、适应环境，而不应该对环境提出什么要求，只要能发挥我的专长就可以了。"

探索活动

模拟面试

活动目的：

加强对面试的认识，为以后求职面试奠定基础。

活动内容：

以小组为单位进行模拟面试，具体活动步骤如下：

（1）将全班学生分成若干小组，每组6~8人，选定一名组长。

（2）组长设定招聘岗位和招聘条件，并与小组成员一起布置面试场景。

（3）每组选两名学生模拟主考官，1人模拟应试者，其他人模拟旁观者，根据已设定的情境进行模拟面试。

（4）小组成员轮流扮演主考官、应试者、旁观者三种角色，并从不同角度出发，看看自己的表现如何。

活动评价：

活动结束后，教师可根据表2-3-1进行评价。

表 2-3-1　面试表现评价标准

评分标准		满分	实际得分	备注
面试前	准备好求职信和个人简历	20		
	衣着大方得体	20		
面试中	简单介绍自己的背景和长处	20		
	微笑，保持良好的姿势	20		
	用简短、精练的语言回答问题	20		
总分		100		

能力训练

测测你的面试技巧

（1）在准备第一次去一家公司面试时，你会（　　　）。

    A．擦亮你的皮鞋，准时出现在那儿

    B．很自信，因为简历准备得很充分

    C．提前了解这家公司及其业务

    D．其他

（2）当你面对面试主考官，你会（　　　）。

    A．不仔细听他提问

    B．坦诚，但力图表现出主动

    C．嚼口香糖、吃糖果、吸烟（哪怕是对方提供的）

    D．看着自己放在膝盖上的双手

（3）当面谈结束时，你会（　　　）。

    A．不愿离去，除非他们告知结果

    B．说再见，然后离开办公室

    C．询问是否可以得到职位

    D．愉快地离开办公室，相信自己的魅力

（4）申请职位中的几项任务对你来说是全新的，所以你问面试主考官（　　　）。

    A．什么时候开始工作

    B．对这些特定领域提问，确认工作职责，与面试主考官谈谈如何用你的工作经验来适应这些任务

    C．指出如果你得到这份工作，你会为什么而担心

    D．担心你做不了这份工作，因为它和你以前的工作截然不同

（5）以下选项除哪项外，都会使面试主考官不快（　　　）。

    A．迟到

    B．无力握手

    C．友好的目光接触

    D．犹豫不决

（6）下面哪个特征在面试中没有作用，请选择其中的一个（　　　）。

    A．适应性

    B．倾听

    C．实事求是

    D．强硬的态度

（7）你的面试主考官谈得很多，好像掌握了所有有关你的情况，你会（　　　）。

    A．希望他再读一下你的简历

B．用他的表述引出你的经验和知识

C．打断他的讲话，提供有关你的信息

D．重复说："太棒了，我们可继续谈下去吗？"

参考答案

（1）C 正确。了解了你去面试的公司，就能按照他们的要求展示你的才能。

（2）B 正确。说实话，但展示你主动的一面，这会使你在面试中表现突出。

（3）C 正确。表示你对这份工作的兴趣，余下的就让你应聘的公司来决定吧。

（4）B 正确。在面试时，你要向面试主考官显示你能做些什么，如果你在面试前有问题，可以找顾问公司的代表或熟人询问成功申请此工作所需的技能，为面试做一定准备。

（5）C 正确。好的目光交流展现你的自信，可以把它作为你的有利条件。

（6）D 正确。这是适应性的反面。

（7）B 正确。用他的话题来引出你的资格和才干，把对方讲的和你的背景、经历联系起来。

职业角色转换

引导案例

扎扎实实走向明天

　　小王是某职业学校文秘专业的学生，他的梦想是成为知名企业的高级秘书。小王是个有心人，学习上，他一直认认真真、踏踏实实，除了学好专业课外，还广泛涉猎各方面的知识，这为他日后成为高级秘书奠定了坚实的基础。假期里，他还常到当地的一些企业去实习。他珍惜每一次实习机会，每次实习结束回到学校，都要进行自我总结，试着找出差距。

　　他给自己制订了一个加强两方面能力的训练计划：一方面，锻炼口才。他不放过课堂上的每一次演讲机会；课后也会主动锻炼自己。他加入了学校宣传部，并被任命为宣传部副部长，这对锻炼他的口才和组织能力很有帮助。另一方面，锻炼写作能力。他参加了学校的文学社，在校报上发表了数篇文章，受到了老师的多次表扬。

　　毕业前，有一家知名企业去学校招聘秘书，要求有较强的口才和写作能力。在众多的应聘者中，小王得到了用人单位的青睐。经过面试，小王顺利地被这家单位录用。这为他将来的秘书生涯铺平了道路。

知识链接

一、学生角色与职业角色的区别

　　学生角色与职业角色的不同在于一个是受教育，掌握本领，接受经济供给和资助，逐步完善自己；另一个是用自己掌握的本领，通过具体的工作为社会付出，以自己的行为承担责任，并获得相应的报酬。具体而言，两者在以下几个方面有所区别。

从学生到职业人的转变

（一）活动方式不同

　　学生以学习知识为主要活动，而职业角色则要求运用自己的知识和能力向外界提供自己的劳动。这种从接收到运用、从输入到输出的转换是一种重大活动方式的改变。

（二）社会责任不同

　　学生的主要社会责任通常体现为在学习过程中对自己负责；职业人的社会责任体现在对工作对象的责任中，他们的不负责将直接给社会造成损失。

（三）所处环境不同

学生在校园里是寝室—教室—图书馆—食堂四点一线，生活简单。而职业人面临的是快速的生活节奏，紧张的工作和加班；没有了寒暑假，自由支配的时间少；要适应不同地域的生活环境和习惯；开始工作时由于缺乏实际工作经验，往往不能得心应手。

（四）人际关系复杂程度不同

处理好人际关系是每一个学生走上社会后必须学会的技能。校园里人际交往比较单纯，社会上的人际关系相对于学校中的同学关系要复杂得多，初出茅庐的职业人会感觉不适应。事实上，能否适应不同的环境，与不同的人打交道，对一个人的事业成败至关重要。

二、完成角色转换的途径

（一）正视现实，敢于面对现实

职校生的社会阅历比较浅，所以对社会、对人生价值的认识往往比较理想化。在现实社会中，尤其是面对社会不良现象时，他们既看不惯，又无能为力，经常感到困惑和迷茫，因此，毕业生要充分认识并认真对待这些矛盾和冲突，大胆面对现实，努力克服不适应的因素。

（二）立足本职，树立新的意识

毕业生在走上工作岗位之前往往对角色转换的认识模糊，对即将从事的职业缺乏全面准确的了解。因此，应当树立以下几方面的意识，形成正确的职业观念。

1. 独立意识

学生走上工作岗位后，没有了老师的呵护、缺少了家长的关爱，而成为社会认可的具有独立资格的真正意义的社会人，在生活上要自理，尤其是在工作上要独当一面，承担一定的社会责任。

2. 团队意识

人是社会的人，社会的发展与进步离不开人们的密切协作。但由于学生角色中心任务的特殊性，以及学校环境的相对封闭性，使得一些毕业生的协作精神和团队意识远远不能满足职业的要求。实践证明，在社会联系高度紧密的今天，一项大型工程的开展、一项科研项目的完成、一个生产过程的组织与管理，单靠某个人的力量显然是不够的，必须是几个、几十个甚至成百上千个人共同劳动、互相配合，互相协作才能完成的。这就要求每一个成员都要有互相协作的团队意识，从整体利益出发，建立和谐的人际关系，以创设友好、合作的氛围。

3. 主人翁意识

毕业生多数要参与生产、管理和决策等实践活动，对所在的单位和部门承担更多的社会责任和义务。一个人工作成绩的好坏，不仅和自己的前途有着密切的联系，而且与单位和部门的兴衰荣辱休戚相关。因此，要牢固树立主人翁意识，立足本职，做好工作。

课堂互动

小王去年毕业于某职业学校，现在在某事业单位工作。一年中，她几乎每个月都要回母校一趟。毕业初期，怀着对公务员工作的向往，小王干劲十足。可是她渐渐发现许多工作无法按照自己的意愿进行，与领导、同事的关系也远比同学关系复杂。郁闷时，她更加怀念大学生活，感叹好日子"一去不复返"。请问：小王应如何摆脱这种困境？

（三）坚持学习，不断完善自我

毕业生已经具备了掌握职业技能的基础条件，即比较扎实的基础知识和专业知识。但是社会角色的适应是一个自我不断学习、不断完善的循序渐进的过程，初到工作岗位，自身的知识量不一定足够大，知识结构也不一定合理。因此，要根据职业的特点、性质、工作程序及其相互关系，不断学习新知识，增强自身素质和能力，提高工作技能和业务水平。

（四）把握自己，慎重重新选择

职校生要根据自己的专业、特长、兴趣等，寻找适合自己的工作，以免走不必要的弯路。但是，因为自身能力、机遇或者工作单位等方面的变化，一些毕业生就业后需要重新选择职业。这就要求毕业生准确地了解自己、把握自己，具体情况具体分析。一方面，要珍惜第一次职业的选择，要认真、实事求是地分析自己所从事的现有职业并从中提升自我，充分发挥自己的才能；另一方面，要在实践中进一步充分认识自我，挖掘自身的潜力，适时地调整自己的岗位，从而更好地发挥自己的聪明才智。

三、熟悉和适应工作环境

走上工作岗位后，应尽快地完成角色转换，认清自己在工作环境中所承担的工作角色及这个角色的性质、职责范围等，积极地熟悉和适应新环境。在适应过程中，要注意克服可能出现的种种思想和心理矛盾，加强心理调适，塑造良好的个人形象和建立和谐的人际关系。

（一）保持良好的试用期心态

对于毕业生来说，有关试用期的规定既是一种培训和考验，也是展示其能力和水平的一次机遇。所以一方面，要坚信自己既然能够通过竞争获得就业机会，也一定能顺利通过试用考核，要从容地面对领导和同事；另一方面，要保持积极的工作态度，主动参与到工作中去。毕业生进入试用期后，要时刻以正式员工的标准要求自己，珍惜来之不易的就业机会，认真对待工作中遇到的一切人和事，用坦诚的态度多听、多问，认真了解试用期的有关规定，熟悉单位的规章制度，认真聆听领导的工作安排和具体要求，积极听取同事的意见和建议。不管工作责任的大小、职位的高低，都要以满腔的热情和高度的事业心、责任感认真对待岗位工作。

（二）塑造良好的个人形象

形象是一个人在社会生活中的名片，良好的个人形象对职业的发展有着不可忽视的作用。初入职场，要树立形象意识，从一点一滴做起，逐步塑造良好的自我形象。

1. 仪表得体，穿着得当

仪表是人的精神面貌的外在表现，端庄的仪表会给人良好的第一印象。初到工作单位，要注意穿着打扮，衣服不一定要高档、时髦，但要符合自己的经济状况、现实身份，并与单位习惯相适应。

2. 言谈文明，举止得体

现实生活中，良好的个人形象不仅仅是外表的美丽得体，更重要的是内在素质和修养的体现。要通过一言一行体现出自己的修养水平，与别人相处，要注意举止文明、彬彬有礼、言谈亲切。

3. 遵章守纪，准时守信

自觉遵守单位的作息时间和其他规章制度，讲求信用，培养诚实守信的美德。毕业生要严格要求自己，积极主动地做好自己力所能及的工作，切忌在工作时间懒散、闲谈、干私活。

4. 团结同事，勤学好问

古人云："量小失众友，度大集群朋。"所以毕业生在工作中要有集体意识和全局观念，既要善于团结与自己意见相同的人，也要善于团结与自己意见不同的人。不要随意参与同事间的纷争，更不要背后议论和评价同事，要以诚相见、热情待人。

刚参加工作，要树立"从零开始"的思想，从一点一滴做起。虽然在学校读了十多年的书，但从知识的获取到能力的培养和经验的获得，都需要一个实践的过程。所以，毕业生要善于观察、善于聆听、善于总结，多向有经验的同事学习请教，遇到问题要敢于提问。

（三）建立和谐的人际关系

走上工作岗位后，和谐的人际关系是适应环境的关键，是在事业上获得成功的前提条件之一。毕业生要用心观察，掌握人际交往的一般规律、原则和技巧。

1. 尊重他人，主动真诚

古人云："爱人者人恒爱之，重人者人恒重之。"尊重他人，首先要在交往中做到礼貌为先，这样才能体现对他人的敬重之情，新同事才有兴趣和热情与你交往下去。其次，要避免触及别人的短处，善于发现别人的长处。初到新单位，对领导、同事都不太了解，切忌自恃清高，过分强化自己的长处。要谦虚待人，善于发现别人的长处，并真诚地把他人实际存在的优点，用赞美的语言表达出来，切忌阿谀奉承。再次，对待他人要主动真诚，遇到单位同事要主动打招呼，做到以诚相待，这也是尊重他人的一种表现。主动交往、真诚待人的人，会给人一种亲近感，乐意与其交往的人多；而沉默寡言、不主动甚至躲避交往的人，容易给别人一种高傲、冷漠、难以接近的感觉，影响与人交往。

2. 理解他人，宽以待人

理解与宽容是人与人和谐相处的基本要求。在与同事交往的过程中，要将心比心、推己及人，用严厉的态度要求自己，以各种道德规范和行为准则来约束自己。同时，要用宽容的态度对待别人，宽容大度，不斤斤计较，不苛求于人，多一些谅解和理解，力争团结更多的人。只有学会理解、宽容的待人之道，才能建立和谐融洽的人际关系。在交往过程中，一方面要随和、忍让、心胸开阔，对一些非原则问题不纠缠，对一些无关大局的小事不计较；另一方面，在遇到原则性问题时，要坚持原则，在必要时要据理力争。

3. 平等待人，乐于助人

平等待人是人与人之间进行社会交往、建立良好人际关系的基本前提。面对领导、同事及社会上形形色色的人，刚步入社会的毕业生要认识到他们都是平等的，在交往过程中不要因职位、年龄、家境等方面的原因轻视和歧视他人，不拉帮结派、搞小团体。此外，作为新入职的毕业生，对领导和同事要多关心和帮助。当别人有困难时，要伸出热情之手，切忌袖手旁观、落井下石。

4. 注重方式，讲究技巧

刚入职的毕业生在交往过程中，要注意方式，掌握交往的技巧。首先，在工作中要少说多听，尽快熟悉环境，掌握单位人际关系情况及同事的兴趣、性格特点等，做到有备无患，以免触及敏感的人和事。其次，要学会沟通，掌握交谈技巧。交谈时应选择大家最感兴趣的话题，不能只关注自己的喜好，并注重交谈礼仪。再次，在谈话和做事之前都要经过深思熟虑，明确目的、实施过程及预期结果，分清时间和场合再付诸行动。

总之，毕业生要清晰、全面地认识职业角色，主动强化角色转换意识，以积极、理智的态度顺利实现角色的转换，积极适应职业角色和职业环境。

案例阅读

小赵和小李同年毕业，都从事市场营销工作。两个人的能力不相上下，每月都能超额完成任务。有时候，小李的任务完成得比小赵更好，但平时很少见到小李的笑模样，工作稍有不顺就大发牢骚，甚至冲同事发脾气。而小赵则为人乐观、爽快，有一种知足常乐的态度。他从不被困难吓倒，有时遇到难缠的客户，能自己解决就自己解决，同事中谁遇到不顺心的事儿，他也是个很不错的倾诉对象。去年年底，小赵被选举为市场部经理。

点评：只有与周围的人保持良好关系，即使遇到挫折也能乐观开朗地待人处事，才能得到领导的赏识和同事的拥护，也才有更多的晋升机会。

四、初入职场应注意的问题

（一）积极主动

一旦到了工作单位，就要处处把自己当职业人看待，努力学习实践知识，寻找、创造锻炼业务能力的机会，要做到眼勤、手勤、腿勤，多想、多问、多做。此外，要做到每天早上班，晚下班。积极主动的工作态度总是很受人欢迎的，领导和同事都喜欢工作积极、态度认真、学习刻苦的新同事。

（二）诚信踏实

初到工作岗位，要严格遵守单位的规章制度，与人交往不失约、不失信，以便给人留下诚实守信的印象。同时，在外对本单位的人、事、物严守秘密，对内真诚地对待本单位的事务，也是现代企业对员工的重要纪律要求。

（三）不斤斤计较

毕业生刚开始工作时要树立远大的理想，正确处理好赚钱与提升能力的关系。此外，要认识到工作待遇是对能力的奖励。越有能力的人，待遇越好。因此，刚毕业的学生不要过于功利、过于急躁，最好在本职岗位上踏实学习，积累经验，锻炼能力，积聚人脉，树立专业形象，这样才会有功成名就的一天。

（四）不损公肥私

毕业生就业伊始，就要树立正确的职业道德观，遵纪守法，遵守单位的规章制度，具体要做到：不把单位的一些东西据为己有；不利用职务之便，谋取私利；不占用办公电话谈私人事情；不收受贿赂，贪赃枉法。尤其是在国家单位、公务部门工作的人员，损公肥私、自私自利的行为会损害国家和人民的利益，最终会受到法律的惩处。

（五）不找借口

职校生刚参加工作，工作不适应、工作中出现差错是难免的，但千万不要把不适应、刚来不熟悉当借口，而要从自身主观方面找原因，不适应业务工作要学习，不适应人际关系要改善，不适应生活习惯和节奏要克服，不适应紧张压力要锻炼，不熟悉业务流程要尽快熟悉和掌握，只有这样才可以尽快进入新角色。

（六）不抱怨

有些毕业生心高气傲，总是抱怨让自己从事简单工作是大材小用；抱怨待遇太低，没有体现自己的价值；抱怨工作条件太差；抱怨要加班加点；抱怨福利太少；抱怨身边同事文化低、素质低；抱怨没人理解自己；抱怨领导不是伯乐，发现不了自己的"真才实学"和"鸿鹄之志"。

作为有远大志向的年轻人，不应挑剔工作，也不应提过高要求。即使对所分配的工作难以胜任或兴趣不浓，也要先接受下来，力争做好。对于生活、工作条件，也不要提过高要求或计较一时的个人得失，而要有发展的眼光，追求个人的长远发展。

案例阅读

小溪毕业后进入一家杂志社担任编辑，由于文笔出色、工作认真，赢得了领导和同事的一致好评。不过，杂志社提供给新员工的薪水比较低。工作了一段时间后，有的新员工开始抱怨："原以为进了这家杂志社能拿到很好的薪水和福利，没想到工作都快一年了，也没涨过工资。"

当时杂志社正在进行一系列新刊物的编辑工作，每人都分配了不少任务。然而，杂志社领导并没有打算增加人手，所以编辑经常会被派往发行部去帮忙。这样一来，就连老员工也开始出现不满情绪，整个编辑部只有小溪乐意接受领导的指派。

两年以后，当初和小溪一起入社的员工，有的已经辞职，有的虽然还在编辑部，但薪水和待遇仍然没有太大提升。而小溪不但薪水翻了几倍，还当上了编辑部的负责人。

点评：一些初入职场的年轻人对自己抱有很高的期望，认为自己一开始工作就应得到重用，薪水俨然成了他们衡量成功与否的唯一标准。切记你现在的工作是为了获得更多的工作经验，当工作经验积累到一定程度时，自然会得到升职加薪的机会。

拓展延伸

职场新人如何处理好与领导的关系

领导对下属的职业发展和职位升迁有裁决权、评判权，因此，处理好与领导的关系是十分重要的。与领导相处，不要只为了"套近乎""留好印象"而与之交往，要以建立正常的工作关系为目的。对领导既要尊重坦诚、实事求是，又要不卑不亢、交往得当。对领导庸俗地巴结奉承，一味地讨好献媚，不但有损于人格，而且会引起同事的反感和厌恶；但敬而远之、我行我素，或冷眼相对、傲慢无礼，甚至顶撞不尊、锋芒毕露，都是职场新人不应有的态度。

在任何时候，都要想到将工作做好，在工作方面与领导达成"共识"，学会适应领导，保持与领导同步。工作中注意正确领会领导的意图，努力完成领导安排的工作，这样也就具备了与领导建立良好关系的基本条件。

此外，还要注意维护领导的权威，不在背后贬低领导，不当众指责领导，愿意接受领导的批评指正，对他的工作只能补台不能拆台。对同一单位的领导，不要有亲疏远近之分，以免给自己的工作和生活带来麻烦。

探索活动

职业角色模拟

活动目的：

体验学生角色与职业角色的不同，更好地完成职业角色的转换。

活动内容：

（1）将全班学生分成若干小组，每组 3～5 人。

（2）每小组从以下情境中选择一种情境进行模拟训练：

① 参加一个产品博览会，推销自己的公司和产品。

② 在办公室接到客户投诉公司产品质量问题的电话。

③ 所在公司遭遇负面报道，但该报道与事实不符。

④ 面对一名挑剔、刁难、不好应付的客户。

⑤ 与同事因小事发生冲突。

⑥ 主持重要会议时，突然有人捣乱。

除以上情境外，学生也可以根据自身专业特点设计其他合适的情境。

（3）在进行模拟训练时，可根据现实情况对情境进行进一步细化设计。最好是根据所选情境提前写好剧本，然后按照剧本进行演练。

能力训练

小明是某职业学校电气专业三年级的学生，现在在一家维修厂实习。以下是他某天发表的微博：

今天比较烦，比较烦，比较烦！

今天上午一会儿都没闲着，接连进行了五个部门的维修工作；师傅对我说"帮我把兆欧表拿来"，我居然分不清是哪个；因为我上班穿白色袜子，被罚款 50 元；我这个月迟到三次，连累全小组的人都没有全勤奖了，我觉得大家看我的眼神都不一样了……

请根据上述材料，分析"学校人"与"职业人"的区别，并说明小明应如何完成角色转换。

第三部分
创业指导

创新与创业

引导案例

二手书里挖出创业"一桶金"

李某是某职业学校的学生，她喜欢阅读各类书籍，经常去二手书店淘书。但是，她发现学校附近的二手书店通常是将人家卖不出去的书籍收来放在店里销售，从中总是难以找到自己想要的书。随着网络书店的迅速崛起和图书市场格局的演变，二手书店越来越少。如今，随着物价上涨，包装精美的图书价格不菲，所以二手书市场的利润空间逐渐扩大。她还发现一些好书在出版后不久就在全国各大书店下架了，甚至有不少成了绝版书。

经过一番细致的分析，李某决定用自己这几年积攒的钱开一家二手书店。她把二手书店的受众群体确定为她所在学校的学生和老师，经过调查后确定经营的二手书主要是经管、社科和人文类的书籍，收购的二手书主要是知名作者和优秀出版社的书，以及老师推荐的书。

随后，她就在淘宝网上建立了自己的店铺，既进行网上销售，也在网上收购二手书，现在网上交易已占到了业务总量的15%。她还销售一些基本不盈利的书籍，用于维系老顾客和吸引新顾客光顾。不久，她增加了"寄售"业务，为老顾客代销二手书，只收一点代销费。李某的二手书店经营了半年之后，每个月都有3 000多元的净利润。

知识链接

一、创新

（一）创新的概念

创新是以新思维、新发明和新描述为特征的一种概念化过程。

创新有三层含义：一是更新；二是创造新的东西；三是改变。换言之，并不是只有重大的发明创造才是创新，只要是对各种产品、工作方法、商业模式、服务模式的改进等都属于创新。

评估创新的五个指标

（二）创新的类型

1. 产品创新

产品创新就是研究开发和生产出能更好地满足顾客需要的产品，使其性能更好，外观更美，使用更便捷、更安全，总费用更低，更符合环境保护的要求。产品创新主要包括开发具有新功能的产品，改进产品结构及外观。

2. 技术创新

技术创新是指采用新的生产方法或新的原料生产产品，以达到提高质量、降低成本、保护环境或使生产过程更加安全和省力的效果。技术创新主要包括工艺路线的革新、材料替代和重组、工艺装备的革新及操作方法的革新。

3. 制度创新

制度创新是从社会经济角度来分析企业系统中各成员间正式关系的调整和变革。制度创新的方向是不断调整和优化企业所有者、经营者、劳动者三者之间的关系，使各个方面的权利和利益得到充分的体现，使组织中各成员的作用得到充分的发挥。

4. 职能创新

职能创新就是在计划、组织、控制、协调等管理职能方面采用新的、更有效的方法和手段。我国企业技术落后，管理更落后，因此职能创新任务紧迫。

5. 结构创新

结构创新是指设计和应用新的更有效率的组织结构。结构创新按其影响系统的范围，可分为技术结构的创新和经济与社会结构的创新两类。

6. 环境创新

对企业来说，环境创新的主要内容是市场创新。市场创新主要是指通过企业的活动去引导消费，创造需求。新产品的开发往往被认为是企业创造市场需求的主要途径。其实，市场创新更多是通过企业的营销活动来进行的，即在产品的材料、结构、性能不变的前提下，或通过市场的地理转移，或改进交易和支付方式，以及通过揭示产品新的物理使用价值，来寻找新用户。也可以通过广告宣传等促销工作来赋予产品一定的心理使用价值，影响人们对某种消费行为的社会评价，从而诱发和强化消费者的购买动机，增加产品的销售量。

二、创业

（一）创业的概念

为什么要创业

创业是指承担风险的创业者通过寻找和把握创业机会，投入已有的技能知识，配置相关资源，创建新企业，为消费者提供产品和服务，为个人和社会创造价值和财富的过程。这个概念包括以下几层含义：

（1）创业是一个创造的过程，创业者要付出努力和代价。

（2）创业的本质在于机会的商业价值的发掘与利用。

（3）创业的潜在价值需要通过市场来体现，即市场是实现财富的渠道。

（4）创业以追求回报为目的，包括个人价值的满足与实现、知识与财富的积累等。

（二）创业的要素

1. 创业的关键要素

创业的关键要素包括创业机会、创业团队和创业资源。

创业机会就是创业者可以利用的商业机会。从创业过程的角度来说，创业机会是创业的起点，创业过程就是围绕着创业机会进行识别、开发、利用的过程。

创业团队是指在创业初期（包括企业成立前和成立早期），由一群才能互补、责任共担、愿为共同的创业目标奋斗的人所组成的利益共同体。团队成员的核心技术是企业获得成功的重要条件。

创业资源是指创业企业在创造价值的过程中需要的特定资产，包括有形资产与无形资产。它是企业创立和运营的必要条件，主要包括创业人才、创业资本、创业技术和创业管理等。

2. 创业各要素之间的关系

第一，创业机会是创业过程的重要驱动力，创业团队是创业过程的主导者，创业资源是创业成功的必要保证。创业过程始于创业机会，而不是资金、战略、团队或创业计划。开始创业时，创业机会比资金、团队的才干和能力，以及合适的资源更重要。在创业过程中，创业机会与创业资源之间经历着一个适应—差距—适应的动态过程。

第二，创业过程是创业机会、创业团队与创业资源三个要素匹配和平衡的结果。创业团队要善于配置和平衡，借此推进创业过程，包括对创业机会的理性分析和把握，对创业风险的认识和应对，对创业资源的合理配置和利用，对工作团队适应性的认识和分析等。

第三，创业是一个连续不断地寻求平衡的行为组合。三个要素的绝对平衡是不存在的，但创业过程要保持发展，必须追求动态的平衡。这期间创业团队必须思考的问题包括：目前的团队能否适应企业未来的成长？企业面临怎样的资源状况？下一阶段的运作面临哪些困难与陷阱？这些问题在企业发展的不同阶段会以不同的形式出现，关系到企业的可持续发展。

（三）创业的过程

创业过程是指从产生创业想法到创建新企业并获取回报的整个过程，包括产生创业动机、识别创业机会、整合有效资源、创建新企业、实现机会价值、收获企业回报。

1. 产生创业动机

创业动机是创业的原动力，推动创业者去发现和识别市场机会。创业动机不仅是打算创业的一时冲动，更是对创业目标与预期收益的深思熟虑。

2. 识别创业机会

识别创业机会是对可能成为创业机会的各种事件的分析和对创业预期结果的判断。创业机会一般分为两种：一种是意外发现的，一种是经过深思熟虑才发现的。国家产业政策的调整、新技术的出现、人口和家庭结构的变化、市场需求的改变、流行风向等都可能形成创业机会。创业者应该具有敏感的嗅觉，能够及时、准确地识别创业机会。还要运用各种方法，对创业机会进行评价和提炼。

3. 整合有效资源

创业之初可以直接控制的可用资源往往很少，因此许多成功的创业者都有白手起家的经历。企业要创立、要生存，就要进行资源的有效整合。创业者需要整合的资源包括基本信息（有关市场、环境和法律问题）、人力资源（合作者、最初的雇员）、财务资源等。

4. 创建新企业

创建新企业之前需要进行大量的准备工作，其中创业计划、创业融资和注册登记尤为关键。创意能否变成行动，关键看创业者能否制订周密的创业计划；资金往往成为创业企业的"瓶颈"，创业融资在企业的创建过程中至关重要；创业者完成创业计划并获得融资之后，就可以按照法定程序进行注册登记，包括确定企业的组织形式和企业名称、向工商行政管理机关提出企业登记注册申请、领取营业执照等。

5. 实现机会价值

创业者整合资源、创建新企业的目的是实现机会价值，并通过实现机会价值来实现自己的创业目标。确保初创企业的生存是创业者必须面对的挑战，但创业者不能仅仅考虑生存，同时还要考虑成长。企业不成长就无法生存得更好，在激烈竞争的环境中尤其如此。因此，创业者需要了解企业成长的一般规律，预见企业在不同成长阶段可能面临的问题，采取有效的措施予以防范和解决，使机会价值等得到充分的实现，同时不断地开发新的机会，把企业做活、做大、做强。

6. 收获创业回报

对回报的正当追求是创业活动的目的，有助于强化创业者对事业的执着。对创业者来说，创业是获取回报的手段和途径，是一种载体。回报可能是多种多样的，对回报的满意度在很大程度上取决于创业者的创业动机。有调查发现，多数创业者的创业动机首先是"自己当老板"，然后才是"追求利润和财富"，对这些人来说，"当老板的感受"就是回报。

案例阅读

王某是四川某职业学校的学生，在上学期间，她发明了磁性剪纸专利产品。产品使用的材料是环保材料，可以循环利用再生产，只要有铁的地方都能直接吸附上去，灵巧便携。因为不容易剪断、撕破，它比普通剪纸更容易，能让人在10分钟内就体验到剪纸的乐趣。

提起磁性剪纸的发明过程，王某笑着说："纯属偶然"。一次帮亲人装扮婚车时，王某感觉这么漂亮的剪纸用起来却很不方便。于是，她就和父亲商量，能不能找到一个既不破坏剪纸的艺术效果，又易于收藏使用的好办法。父女两人很快投入到探索中。经过反复试验，王某终于找到了一种特殊的磁性材料来代替传统的剪纸材料。使用这样的材料剪出的艺术剪纸很容易吸附、粘贴在铁质的物品上，用水及清洁剂喷在剪纸背面，还可以轻易地将剪纸粘在玻璃等光滑物品上，且不会破坏剪纸。磁性剪纸解决了长期以来传统剪纸容易掉色、变色及收藏不方便的问题。

之后，王某创办了一家磁性剪纸文化创意公司。在不到一年的时间里，她的公司已经发展了十余家加盟商，仅此一项的经济收入就达30余万元。

点评："剪纸"对于我们来说并不陌生，"剪纸"难吸附的特性也许大家已经习以为常。但是这一现象却引起了王某的注意，王某尝试去改进它。王某通过分析，创造性地发明了磁性剪纸，并获得了创业的成功。

拓展延伸

几种新型的创业模式

一、网络创业

网络创业具有传统创业不可比拟的优势。创业者不但可以利用现成的网络资源，而且门槛低、成本低、风险小、方式灵活，特别适合初涉商海的创业者。像易趣、阿里巴巴、淘宝等知名电子商务网站都有较完善的交易系统、交易规则、支付方式和成熟的客户群。

二、加盟创业

加盟创业的好处与最大特点是利益共享、风险共担。创业者只需支付一定的加盟费，就能借用加盟商的金字招牌，得到专业指导和配套服务，从而降低创业风险。

三、寄生式创业

寄生式创业模式也称"借鸡下蛋式"创业模式，其形式为在别人已经创办的公司或店铺中插入自己的创业项目。如在超市里开一个维修手机的柜台。这种模式的好处是二者互为补充，可多方吸引顾客，而且可以充分利用门面空间，相对降低了门面租金，从而减少投资风险。

探索活动

情景模拟——合伙创办小吃店

活动目的：

体会创新、合作在创业过程中的重要作用，培养学生的决策能力、创新能力、经营管理能力和人际交往能力。

活动内容：

以 4～6 名学生为一个创业团队，模拟合伙开一个小吃店。另外三名学生，一个模拟房东，另外两个模拟客人，给各创业团队的小吃店打分。小吃店启动资金为 20 000 元。其中，房租为 3 000～5 000 元，装修店铺和购买设备的费用为 5 000～10 000 元，其他为现金储备。具体活动流程如下：

（1）各小组内部协商，确定组织架构和分工，包括店长、厨师、采购员、服务员等。

（2）各小组派出人员与房东谈判，以最低的房租租下店铺。

（3）各小组内部协商，确定经营的项目、店铺装修方式和营销策略等（要有特色、有创意）。

（4）将以上第（2）（3）条的结果记录在纸上。

（5）模拟客人的同学到各小组查看，并根据表 3-1-1 为各小组打分。

表 3-1-1 合伙创办小吃店评价表

评分标准	满分	实际得分	备注
人员分工是否合理	20		
房租（房租越少，分越高）	20		
经营项目的创意效果	20		
店铺装修的创意效果	20		
营销策略的创意效果	20		
总分	100		

能力训练

判断下列情形中哪些属于创业，并说明原因。

（1）一位妇女喜欢为家庭制作开胃食品，朋友们经常称赞她。后来，她成立了一家公司来制作和销售开胃食品。

（2）一位从事生物化学基础研究的科学家获得了能推动该领域前沿发展的重要发现。但是，他对该发现的实际用途没有兴趣，而且从未尝试过。

（3）一位中年男人被"裁员"后，偶然产生了用特殊方法处理旧轮胎并将其作为花园边饰（将不同植物分开的隔离物）的创意。

（4）一位退休军官想出一个创意：从政府购买闲置的水陆两栖交通工具，并建立一家专门从事偏远荒野旅游业务的公司。

（5）一位年轻的计算机科学家开发出比目前市场上任何软件都要好得多的新软件，并寻求资金创建一家公司来开发和销售该产品。

模块二

创业团队建设

引导案例

俞敏洪的创业团队

俞敏洪，1962 年出生于江苏江阴，1980 年考入北京大学西语系，毕业后留校担任北京大学外语系教师。1991 年 9 月，俞敏洪从北京大学辞职，开始自己的创业生涯。1993 年，俞敏洪创办了新东方培训学校。

一、聚集人才

在新东方创办之前，北京已经有三四所同类学校，参加新东方培训的多是以出国留学为目的。就当时的大环境而言，随着出国热，以及人们在工作、学习、晋升等方面对英语的多样化要求，国内掀起了学习英语的热潮，越来越多的优秀教师加入英语培训这个行业。如何先人一步，取得自己的竞争优势，把新东方做大做强呢？俞敏洪认识到，英语培训行业必须要具备一流的师资。

俞敏洪需要找到更多的合作伙伴，帮他控制英语培训各个环节的质量。而这样的人，不仅要有过硬的专业知识和能力，更要和俞敏洪本人有共同的办学理念。他首先想到的是远在美国的王强、加拿大的徐小平等人，实际上这也是俞敏洪思考了很久所做的决定——这些人不仅符合业务扩展的要求，更重要的是这些人作为自己在北大时期的同学、好友，在思维上具有一定的共性，肯定能比其他人更好地理解并认同自己的办学理念，合作也会更坚固、长久。从 1994 年到 2000 年，杜子华、徐小平、王强、胡敏、包凡一、何庆权、钱永强、江博、周成刚等人陆续被俞敏洪网罗到了新东方的门下。

二、构建团队

师资构成了新东方的核心竞争力，但是如何让这支高精尖的队伍最大限度地发挥作用呢？俞敏洪从学员需求出发，秉持着一种"比别人多做一点，比别人做得好一点"的创新思维，合理架构自己的团队，寻找和抓住英语培训市场上别人不能提供或者忽略的服务，使新东方的业务体系得以不断完善。

徐小平、王强、包凡一、钱永强等人分别在出国咨询、基础英语、出版、网络等领域各尽所能，为新东方搭起了一条顺畅的产品链。徐小平开设的"美国签证哲学"课，把出国留学过程中大家关心的程序问题上升到人生哲学的高度，让学员在会心大笑中思路大开；王强开创的"美语思维"训练法，突破了一对一的口语训练模式；杜子华的"电影视听培训法"已经成为国内外语教学培训极有影响力的教学方法……新东方的老师很多都根据自己教学中的经验和心得著书立说，并形成了自身独有的特色，让新东方成了一个有思想、有创造力的地方。

　　俞敏洪的成功之处是为新东方组建了一支年轻而又充满激情和智慧的团队。俞敏洪的温厚、王强的爽直、徐小平的激情、杜子华的洒脱、包凡一的稳重，五个人的鲜明个性让新东方总是处在一种不甘平庸的氛围当中。

　　俞敏洪敢于选择这帮人作为创业伙伴，并且成就了一个新东方传奇，从这一点来说，他是一个成功的创业团队领导者。他知道新东方人多是性情中人，从来不掩饰自己的情绪，也不愿迎合他人的想法，打交道都是直来直去，有话直说。因此，新东方形成了一种批判和宽容相结合的文化氛围。批判使新东方人敢于互相指责，纠正错误；宽容使新东方人在批判之后能够互相谅解，互相合作。这就是新东方人的特点：大家互相之间不记仇、不记恨，只计较到底谁对谁错、谁公正。

　　这种源自北大精神的自由文化，是俞敏洪敢用"孙悟空"，而且是多个"孙悟空"的前提条件，这是新东方成功的关键因素之一；而另一个关键因素就是俞敏洪本人所具备的包容性，包容性使他带领着一帮比他厉害的牛人，不仅将新东方从小做大，还完成了让局外人都为之捏了一把汗的股权改制。最令人意料不到的是，俞敏洪还将新东方带到了美国的资本市场，使其成为中国第一个在海外成功上市的民营教育机构。

知识链接

一、创业团队的概念

　　团队就是合理利用每一个成员的知识和技能协同工作，以解决问题、达到共同目标的共同体。而创业团队就是由少数技能互补的创业者组成，为了实现共同的创业目标而努力的共同体。

二、创业团队的组成要素

　　创业团队需具备目标（Purpose）、人（People）、定位（Place）、权限（Power）和计划（Plan）五个重要的组成要素，简称"5P"。

（一）目标

　　创业团队应该有一个既定的共同目标，为团队成员导航，知道要向何处去。没有目标，这个团队就没有存在的价值。在创业企业的管理中，目标以创业企业的远景、战略等形式体现。

（二）人

　　人是构成创业团队最核心的力量。三个及三个以上的人就形成一个群体，当群体有共同奋斗的目标时，就形成了团队。在一个创业团队中，人力资源是所有创业资源中最活跃、最重要的资源。应充分调动创业者的各种资源和能力，将人力资源进一步转化为人力资本。

目标是通过人员来实现的，所以人员的选择是创业团队中非常重要的一个环节。在一个团队中，需要有人出主意，有人定计划，有人实施，有人协调不同的人一起工作，还要有人监督创业团队工作的进展，评价创业团队最终的贡献，不同的人通过分工来共同完成创业团队的目标。

（三）定位

创业团队的定位包含两层意思：

（1）创业团队在企业中处于什么位置，由谁选择和决定团队的成员，创业团队最终应对谁负责，创业团队采取什么方式激励下属。

（2）各成员在创业团队中扮演什么角色，是制订计划还是具体实施或评估。是大家共同出资，委派某个人管理；还是大家共同出资，共同参与管理；或是共同出资，聘请第三方（职业经理人）管理。这体现在创业企业的组织形式上，也就是说企业是合伙企业还是公司制企业。

（四）权限

创业团队中领导人的权力大小与其团队的发展阶段和创业企业所在行业相关。一般来说，创业团队越成熟，领导者所拥有的权力就越小；在创业团队发展的初期，领导权相对比较集中。

（五）计划

创业团队的计划包含两层意思：

（1）由于目标的最终实现需要一系列具体的行动方案，因此，可以把计划理解为达到目标的具体工作程序。

（2）只有在有计划的操作下，创业团队才会一步一步地贴近目标，从而实现最终目标。

三、组建优秀创业团队的要点

由于组建创业团队的基础在于创业远景与共同信念，因此创业者需要提出一套能够凝聚人心的远景与经营理念，从而形成共同的目标与企业文化。一般而言，要组建一个优秀的创业团队，应特别注意以下几点。

如何管理创业团队

（一）彼此了解

创业团队的所有成员都应该相互非常熟悉，知根知底。"知己知彼，百战不殆"，在创业团队中，团队成员都应非常清醒地认识到自身的优劣势，同时对其他成员的长处和短处也一清二楚，这样可以很好地避免团队成员之间因为相互不熟悉而造成的各种矛盾、纠纷，从而强化团队的向心力和凝聚力。

需要注意的是，我们这里所说的了解是真正的了解，而不是表面上的了解。例如，尽管许多青年学生创业时选择的合作伙伴都是亲戚、同学、朋友、校友等，但还是很快就失败了，其根本原因在于：虽然他们选择的合作伙伴都是"熟人"，但是他们对这些"熟人"缺乏真正了解。

（二）相互信任

信任是解决分歧、达成一致的唯一途径。青年学生创业团队不仅要志同道合，更需彼此信任。最初创业时，要把最基本的责、权、利说得明白透彻，尤其股权、利益分配，包括增资、扩股、融资、撤资、人事安排及解散等。这样在企业发展壮大后，才不会出现因利益、股权等的分配分歧产生矛盾，最终导致创业团队解体的局面。

案例阅读

在上海某学校，有一名攻克了某种高级观赏鱼人工养殖难题的学生，名叫王楠。王楠在毕业时，就用这个颇有技术含量和难度的科技项目开始了自己的创业之旅。

他首先攻克了这种鱼在人工海水中的养殖，紧接着又在老师的帮助下成功地解决了人工繁育问题。于是，他创业的企业里，从此就有了漂亮的观赏缸——类似我们常见的热带鱼缸。

为了开办公司，他找到了一个与他性格不同但优势互补的搭档张玉。王楠是技术型的，可以负责公司的技术问题；而张玉是营销型的，可以负责公司的销售和外联工作。

公司在天使基金的帮助下顺利开张了，由于产品填补了市场空白，一时间生意兴隆，他俩很开心。但是好景不长，渐渐地王楠发现公司的业务虽然好，可就是不盈利。经过细心地观察和打探之后，他发现张玉已经在外边新开了自己的公司。原来，张玉因担心王楠在公司壮大后挤走自己，而提前找好了出路。

点评：这个因为彼此优势互补而结合的团队，最终因为彼此之间的信任问题导致合作失败了，也导致了创业的失败。

（三）理念一致，目标相同

首先，所有团队成员都必须认同大家共同确定的创业目标、分配制度、管理制度、企业发展战略、经营理念、企业文化等，保持对企业长期经营的信心。

其次，所有团队成员都必须认识到团队是一体的，所有成败都是整体的而非个人的。大家必须能够同甘共苦，将团队利益置于个人利益之上。团队中没有个人英雄主义，每位成员的价值表现为其对团队的贡献。大家愿意牺牲短期利益来换取长期的成功果实，而不计较短期的薪资、福利、津贴等。

再次，所有团队成员都必须对工作抱有满腔激情，必须要有每天长时间工作的准备。任何人不管其专业水平多么高，如果没有激情，将无法适应艰苦的创业生活。

最后，所有团队成员均应了解企业在成功之前将会面临的挑战，并承诺不会因为一时困难而退出。如确有特殊原因需提前退出团队，必须将股权优先转让给团队成员。当企业面临困难时，大家必须齐心协力，共同面对，一起解决。

（四）取长补短，相得益彰

从人力资源管理的角度来看，建立优势互补的创业团队是保持创业团队稳定的关键。研究表明，大多数创业团队组成时，并未充分考虑到成员专业能力的多样性，大多是因为有相同的技术能力或兴趣，至于管理、营销、财务等能力则较为缺乏。

因此，要使创业团队发挥最大的能量，在创建团队时不仅要考虑成员之间的关系，还要考虑成员之间的互补性，如性格、经验、专长、技术等的互补，以此来达到团队的平衡。

一般来说，一个优秀的创业团队必须包括以下几种人：

（1）一个很好的"领袖"。此人必须能够高瞻远瞩，能够为企业制定明确的战略、战术；有很好的人品，处事公正，能够服众，能够团结整个团队；具有很好的协调能力，能够及时化解团队成员的矛盾。

课堂互动

> 以中国古典文学名著《西游记》中的唐僧师徒为例，阐述创业中领导者的重要性，以及领导者的魅力所在。

（2）一个很好的"管家"。此人主要负责企业的日常运营及各项规章制度的制定。由于企业日常事务非常琐碎，因此，此人必须心思缜密、工作细致。

（3）一个很好的"财务总管"。资金是企业的生命线，因此，创业团队中最好有一个"财务总管"，以合理地安排企业收支，帮助企业融资。

（4）一个很好的"营销总监"。产品是基础，营销是龙头。如果营销不行，产品就不能变成钱，企业只有关门大吉。

此外，如果创业企业是技术类企业，还需要一个很好的技术专家，以帮助企业不断地将技术或产品推陈出新，始终处在行业的前沿。

拓展延伸

西游记取经团队成员角色分析

"团队管理"这一名词是随着工商管理的概念进入中国的，但实际上最早阐述团队理念的是中国。在我们熟知的名著《西游记》中，就深刻地阐述了团队合作的重要性。

《西游记》中的师徒四人组成了一个团队，现代管理学认为：一个团队的最佳组成人数为4～25人。下面我们分析一下他们的组织架构。

先分析唐僧，他是这个团队的最高领导，是决策层，在企业中就好比是总经理。他运用自己的强硬管理方式和制度（紧箍咒）来管理团队，并且通过"软权力"和"硬权力"的结合来调动整个团队。从根本上讲，几个徒弟很服从他，佩服他的学识（软权力），因为唐僧是当时著名的高僧，而且是个翻译。按现在衡量高层管理人员的标准，他是同声传译员加工商管理硕士，德高望重，绝对是个优秀的管理者。

悟空应该是这个团队中的职业经理人，也就是部门经理。他本领高强，而且社会关系和社会资源极其丰富，但性格有点"猴急"。从个人素质上讲，孙悟空是非常优秀的，对总经理（唐僧）布置的任务都能高效完成，而且处处留下美名，颇有跨国公司职业经理人的风范。

猪八戒虽然不太受人喜欢，但是作为组织中的小人物，他本人还是有很多优点的，而且在许多方面还在团队中起了不小的作用，如调节矛盾、运用公共关系来协调众人之间的关系等，这些都是他对组织的贡献。他本人幽默、可爱，充当着组织润滑剂的角色，所以在组织中功不可没。

沙僧朴实无华，工作踏实，从企业的角度讲，他是"广大劳动者"，是劳动的模范。他虽然没有职业经理人的风光与协调关系者的公关本领，但是他所做的工作都是最基础的。在团队中，每个人都应该向他学习，主动挑起自己的责任，努力工作，从而为团队做出自己的贡献。

白龙马更是一个默默无闻的劳动者，任劳任怨，主要工作就是唐僧的司机兼座驾，偶尔在关键时刻挺身而出，表现一下。

在认同他们优秀的同时，我们还要认识到他们的缺点。例如，唐僧性格优柔寡断，不明是非；孙悟空个人英雄主义严重，无视组织的纪律和制度；猪八戒悟性较差，贪吃、好色；沙僧缺乏主见，工作欠灵活等。这些都是我们应该注意的，只有熟悉自己的缺点，才能将工作做好。

探索活动

组建创业团队

活动目的：

通过组建创业团队，深入理解创业团队的概念及组建要点。

活动内容：

请同学们先以小组为单位讨论确定创业项目，然后根据创业项目组建创业团队。具体活动步骤如下：

（1）将4～5名学生分为一组，每组选出一名小组负责人。

（2）各小组讨论确定创业项目。

（3）根据确定的创业项目，各小组成员充分调动自身资源寻找合伙人，组建创业团队。

（4）各小组分别派出一名代表汇报团队组建结果，主要包括创业团队由哪些人员构成、具备哪些技能、负责哪些事宜。

活动评价：

教师可以根据表3-2-1进行评价。

表3-2-1　组建创业团队评价表

评分标准	满分	实际得分	备注
创业项目选择合理	30		
团队构成科学，分工明确	50		
汇报结果语言流畅、逻辑清晰	20		
总分	100		

能力训练

1. 调查身边的创业团队，了解他们的组织架构及运行方式。收集优秀创业团队的案例，分析它们有何共同之处。

2. 如果你打算创业，在选择团队成员时有何要求？如果你是团队的领导者，如何更好地管理团队？

创业资源整合

引导案例

"石油女孩"的创业故事

陆玲玲是一家珠宝定制店的店主。虽然她开在成都盐市口的第一个店面运营没多久，但她早就有了自己的一套生意经，"个性化的定制方式及高性价比，使很多人开始选择定制珠宝"。

谈门槛 需要专业知识及相关的人脉资源

珠宝是奢侈品，而珠宝定制更需要专业的知识。想要在这一行创业，除了必备的专业知识以外，还要具备相关的资源，如渠道、人脉、客户资源等。显然，陆玲玲在这方面有自己的优势，"之前在北京做过这样的工作，了解了不少渠道，也积累了一定的人脉和资源。现在，很多客户就是以前积累起来的，而新客户多数也是通过老客户介绍而来的"。

算投入 店铺成本300万元，原料花销占大头

有了客户目标后，财力也是一个重要因素。店面虽小，但成本也要300万元左右。其中，货物原料花费200多万元，店面装修50多万元，其他的就是店铺租金、人员聘用等费用。陆玲玲笑称："虽然看起来费用较高，但风险较小，即使经营失败，宝石还是可以转卖，损失的无非是租金、水电等费用，而这些相对较少。""现在每月的支出有五六万元，营业收入基本上能够保证日常的开支；如果在旺季，收入是现在的2～3倍，一年平均下来收入近100万元。现在钻石的销售占了90%左右，大概一年半时间就能收回成本。"相对于钻石来说，陆玲玲更看好宝石的销售市场，"宝石价格要低于钻石，而且种类也较多，顾客有更多的选择"。

生意经 比商场便宜30%，面向特定群体

陆玲玲认为自己是靠个性化定制和高性价比获得与知名珠宝品牌的非对称优势的，"我们提供的是个性化的珠宝定制，根据客户的需求进行设计，而且，因为提供的是裸钻的设计加工，比商场要便宜30%，性价比更高"。

小店商品的款式都是自己设计的，独特的设计、繁多的款式及经常更新，是小店的取胜之道，"我考察过本地其他的珠宝定制店，可以说，我们的款式是最丰富的，有300多种，而且宝石的品类也非常丰富"。

珠宝定制需要有准确的定位，特定的客户群体使小店在各个方面更有针对性。小店面向的是高端客户群体，主要是25～40岁的人群，"成都是一个时尚城市，人们的消费能力高，经济发展好。而且现在的年轻人喜欢这样的个性化消费，成功人士也喜欢享受生活"。

拥有明确的客户群体，也需要有针对性的营销策略。通过与高级会所、婚庆影楼、电影院及美容院等合作，这种互利共赢的模式有利于提高小店的知名度，同时也更有针对性，"我们冠名了一家影院的 VIP 厅，与婚庆影楼的合作，也是通过给客户提成的方式进行的"。

人物背景 珠宝店主曾经是"石油工人"

30 岁的陆玲玲进入珠宝定制这一行业也已经有四年多时间了。"我以前是做石油的，因为当时将妈妈的戒指弄丢了，经一个姐姐介绍，接触到珠宝定制这个新鲜的行业"，对于自己这样机缘巧合地进入珠宝定制行业，陆玲玲现在仍旧忍不住笑。"认识了在北京开珠宝定制店的李姐，我们感觉这个行业很好，李姐让我跟她一起干，然后我就进来了。"

转行之后，陆玲玲开始深入地了解这个行业，也通过在北京的工作积累了客源、人脉、渠道、专业知识等资源，这为后来在成都开店打下了良好的基础。"我喜欢这件事，也喜欢这样的发展模式。之后在与成都的朋友聊天的时候，我们都感觉成都的市场前景很好，于是合作在成都开了这家店。"

在北京积累的资源为成都小店的开张提供了保证。同时，家人的支持也让陆玲玲没了后顾之忧，"爸爸当时说，你现在年轻，想做什么就做吧"。

通过这位普通的"80 后"创业成功的案例，我们可以了解到，任何创业都需要一定的资源作保证。珠宝定制是较为专业的行业，要进入这个行业，不仅需要专业的知识，固定的客源及人脉也是必不可少的。

知识链接

一、创业资源的概念

创业资源是指企业创立及成长过程中所需要的各种生产要素和支撑条件，是创业企业在创造价值的过程中所需要的特定资产。

对于创业者来说，只要是对其创业项目和创业企业的发展有所帮助的要素，都可以归入创业资源的范畴。创业者既要积累个人资源，也要善于创造性地整合社会资源，以创造有利于创业的良好条件。

二、创业资源的分类

（一）按性质分

按性质分，创业资源可分为人力资源、财务资源、物质资源、技术资源和组织资源。

1. 人力资源

人力资源不仅包括创业者及创业团队的知识和经验，也包括团队成员的专业智慧、判断力、视野和愿景，甚至创业者本身的人际关系网络。创业者是创业企业最重要的人力资源，其价值观念和信念是创业企业的基石，其所拥有的人际和社会关系网络使其能够接触到大量的外部资源，降低潜在的创业风险。鉴于企业之间的竞争主要是人才之间的竞争，高素质人才的获取和开发便成为创业企业可持续发展的关键因素。

2. 财务资源

财务资源主要是指货币资源，通常是创业企业向债权人、权益投资者通过内部积累筹集的负债资金、权益资金和留存资金。一般来说，创业初期以不高于市场平均水平的资本成本及时筹集到足额的财务资源，是创业企业成功创办和顺利经营的前提条件。

3. 物质资源

物质资源是创业企业经营所需要的有形资源，如建筑物、设施、机器和办公设备、原材料等。一些自然资源如矿山、森林等，有时也会成为创业企业的物质资源。

4. 技术资源

技术资源包括关键技术、制造流程、作业系统、专用生产设备等。技术资源包括三个层次：一是根据自然科学和生产实践经验而发展成的各种工艺流程、加工方法、劳动技能和诀窍等；二是将这些流程、方法、技能和诀窍等付诸实施的相应的生产工具和其他物资设备；三是适应现代劳动分工和生产规模等要求的对生产系统中所有资源进行有效组织和管理的知识、经验和方法。技术资源大多与物质资源相结合，可以通过法律手段予以保护，部分技术资源会形成组织的无形资产。

5. 组织资源

组织资源一般是指企业的正式管理系统，包括企业的组织结构、作业流程、工作规范、信息沟通、决策体系、质量系统，以及正式或非正式的计划活动等，有时候组织资源也可以表现为个人的技能或能力。其中，组织结构是一种能够使组织区别于竞争对手的无形资源。那些能将创新从生产功能中分离出来的组织结构会加速创新，能将营销从生产功能中分离出来的组织结构能更好地促进营销。

（二）按存在形态分

按存在形态分，创业资源可分为有形资源和无形资源。

1. 有形资源

有形资源是指具有物质形态的、价值可用货币度量的资源，如组织赖以生存的自然资源，以及建筑物、机器设备、原材料、产品、资金等。

2. 无形资源

无形资源是指具有非物质形态的、价值难以用货币精确度量的资源，如信息资源、关系资源、权力资源及企业的信誉、形象等。无形资源往往是使有形资源更好发挥作用的重要手段。

三、创业资源的获取

创业资源的获取是指在确认并识别资源的基础上，得到所需资源并使之为创业服务的过程。创业资源的获取不仅决定着能否把创业设想转化为创业行动，而且决定着企业这一契约组织的形成方式。

（一）影响创业资源获取的因素

影响创业资源获取的因素主要有创业导向、商业创意的价值、创业资源的配置方式、创业者的管理能力及社会网络等。

1. 创业导向

创业导向是一种态度或意愿，这种态度或意愿会导致一系列创业行为。创业导向会通过促进机会的识别和开发，进而促进资源的获取。因此，创业者要注重创业导向的培育和实施，充分关注创业者特质、组织文化和组织激励等影响创业导向形成的重要因素，采取有效的方式获取资源，并在资源的动态获取、整合和利用过程中，注意区分不同资源，充分发挥知识资源的促进作用。

2. 商业创意的价值

创业的关键在于商业创意。商业创意为资源获取提供了杠杆，但获取资源还有赖于创意的价值被资源所有者认同的程度。换言之，一种能被资源所有者认同的、有价值的商业创意，才有助于降低创业者获取资源的难度。

3. 创业资源的配置方式

由于创业资源的异质性、效用的多维性和知识的分散性，人们对于同一创业资源往往具有不同的效用期望，有些期望难以依靠市场交换得到满足，因此，如果通过资源配置方式创新，能够开发出新的效用，使之更好地满足资源所有者的期望，创业者就有可能从资源所有者手中获得资源使用权，以开展生产经营活动。

4. 创业者的管理能力

创业者的管理能力是企业软实力的主要表现，管理能力越强，获取资源的可能性越大。创业者的管理能力可以从其沟通能力、激励能力、行政管理能力、学习能力和协调能力等方面予以衡量。创业者通过管理能力获取必要资源的同时，还能为创业企业创造良好的发展环境。

5. 社会网络

社会网络是机构之间及人与人之间比较持久的、稳定的多种关系结合而成的网络关系。由于创业资源广泛存在于各种资源所有者手中，这些所有者又处于一定的社会网络之中，而且人们对于商业活动的认识和参与，客观上会受到自己所处网络及在网络中地位的影响；所以，社会网络对于创业资源的获取具有重要的意义。

不同的社会网络和网络地位，为人们之间的沟通协作提供了不同渠道。在社会网络中处于优势地位的创业者，具有较好的社会关系依托，可以有选择地了解不同对象的效用需求，有针对性地对不同对象传递商业创意，有目的地获取不同资源所有者的理解和信任，最终成功地从不同网络成员那里获取所需的资源，为自己进行资源配置方式创新提供基础。

除上述因素外，创业者的资源辨识能力和外部社会环境等也会对创业资源的获取产生一定影响。

（二）获取创业资源的途径

获取创业资源的途径，可分为市场途径和非市场途径两大类。当创业所需要的资源有活跃的市场，或者有类似的可比资源进行交易时，可以采用市场途径；其他情况下则可以采用非市场途径。

1. 通过市场途径获取创业资源

通过市场途径获取创业资源包括购买和联盟两种。

购买是指利用财务资源通过市场购入的方式获取外部资源，主要包括购买厂房、设备等物质资源，购买专利和技术，聘请有经验的员工及通过外部融资获取资金等。需要注意的是，诸如知识，尤其是隐性知识等资源虽然可能会附着在非知识资源之上，通过购买物质资源（如机器设备等）得到，但很难通过市场直接购买，因此，需要创业企业通过非市场途径去开发或积累。

联盟是指通过联合其他组织，对一些难以或无法自己开发的资源实行共同开发。这种方式不仅可以汲取显性知识资源，还可以汲取隐性知识资源。但联盟的前提是联盟双方的资源和能力互补且有共同的利益，而且能够对资源的价值及其使用达成共识。

知识拓展

显性知识与隐性知识

显性知识是指能明确表达的知识，即人们可以通过口头传授、教科书、参考资料、期刊、专利文献、视听媒体、软件和数据库等方式获取，或者通过语言、书籍、文字、数据库等编码方式传播，也容易被人们学习的知识；隐性知识与显性知识相对，是指那些我们知道但难以言述的知识。

2. 通过非市场途径获取创业资源

通过非市场途径获取创业资源包括资源吸引和资源积累等。

资源吸引是指发挥无形资源的杠杆作用，利用创业企业的商业计划和创业团队的声誉，通过对创业前景的描述来获得或吸引物质资源、技术资源、人力资源和资金等。

资源积累是指利用现有资源在企业内部通过培育形成所需的资源。主要包括自建企业的厂房、设备，在企业内部开发新技术，通过培训来增加员工的技能和知识，通过企业的自我积累获取资金等。

（三）获取创业资源的技巧

为了及时足额并以较低成本获取创业所需要的资源，创业者需要掌握一定的获取创业资源的技巧。

1. 充分重视人力资源的获取

人力资源在创业资源中的决定性作用要求创业者必须充分重视人力资源的获取。创业者一方面应努力增强自身能力的培养，另一方面应充分重视创业团队的建设。一支知己知彼、才华各异、能力互补、目标一致和彼此信任的团队是创业资源中最为重要的资源，也是创业成功必不可少的保证。

2. 以能用和够用为原则

不是所有的宝贝都是企业的资源，创业者在获取资源时应坚持能用的原则，只有满足自己需求、自己可以支配并使其充分发挥作用的资源，才是需要获取的资源。

另外，资源的使用是有代价的，因此，在获取创业资源时应该本着够用的原则，而不是多多益善。一方面，资源的有限性使创业者难以筹集更多的资源；另一方面，当使用资源的收益不能弥补其成本时，资源的使用并不能给企业带来效益。

3. 尽可能获取多用途资源和杠杆资源

资源自身的特性决定了其用途的不同，有的资源可能在不同场合具有不同的用途，获取具有多用途的资源可以帮助创业者应付创业过程中出现的意外。在知识社会，具有独特创造性的知识是现代社会的高杠杆资源，对于杠杆资源的合理利用，有助于创业者取得一定的杠杆收益，达到事半功倍的效果。

四、创业资源的整合

创业资源的整合是一个复杂的过程，是创业企业对不同来源、不同层次、不同结构、不同内容的资源进行选择、汲取、配置、激活和有机融合的过程，以使之具有更强的柔性、条理性、系统性和价值性，并对原有的资源体系进行重构，摒弃无价值的资源，以形成新的核心资源体系。创业资源的整合过程可以分为资源扫描、资源控制、资源利用和资源拓展四个步骤。

（一）资源扫描

创业者要知道自己的资源禀赋及企业所拥有的最初资源。将已有资源识别出来，包括己方所有有价值的有形资产和无形资产，如人才、技术、设备、品牌等，找到自己的资源优势和不足，同时认清哪些属于战略性资源，哪些属于一般性资源，还要确定资源的数量、质量、使用时间及使用顺序。

扫描自身已有资源的同时，也要对外部环境进行扫描，及时发现创业企业所需的资源，确定自己所缺的创业资源可以从哪些渠道获得，以及谁拥有这些重要资源，并对各种资源渠道的获得难易程度进行排序；进而寻找利益交集，对资源所有者的利益需求进行深度分析，并与自己所拥有的资源进行比较，找到利益契合点。这通常需要创业者具有行业知识和一定的社会关系网络。创业者在初始创业阶段会利用与自己关系较近的资源网络，随着业务的向前发展而逐渐扩充这一网络。

（二）资源控制

资源控制的范围包括创业者自身拥有的资源、通过交易等形式可获得的资源，以及通过社会网络等形式可以控制的资源。在许多情况下，创业者自身拥有的资源（如教育、经验、声誉、行业知识、资金和社会网络等）存在于创业团队中。在特定的行业，创业团队中成员的社会网络资源和技术对于企业的成功至关重要。在获取资源的过程中，需要判断这种资源对实现企业的目标是否关键，并且创造性地设计出双赢的合作方案，形成长期互利关系。

（三）资源利用

在获取和控制大量资源的基础上，创业企业开始对这些资源进行配置和利用，将它们合理有效地配置到最能发挥其使用效益的地方去，体现出这些资源的价值。企业资源在未整合之前大多是零碎的、低效的，要发挥这些资源的最大使用价值、产生最佳效益，就必须运用科学方法对各种类型的资源进行细化、配置和激活，将有价值的资源有机地融合起来，使它们相互匹配、互为补充、互相增强。

在配置资源之后，新的资源或者说竞争优势就会形成，企业必须利用区别于其他企业的这种优势来赢得市场。资源在整合并转化为企业内部的独特优势之后，创业者需要协调各种资源之间的关系，匹配有用的资源，剥离无用的资源。通过协调，使资源的联系更加紧密，更加具有匹配性，形成"1+1>2"的局面，并为下一步拓展奠定基础。

（四）资源拓展

资源拓展即将以前没有建立起联系的资源建立联系，将新获取的资源与已有的资源进行联结融合，进一步开发潜在的资源为企业所用，这也是企业持续竞争优势的根本来源。开拓创造过程能为创业企业带来新的能力，从而使其能够更充分地发现和掌握创业机会。

拓展延伸

创业资源与一般商业资源的比较

创业资源与一般商业资源既有相同点，也有一定的区别。

创业资源是商业资源，但不是所有的商业资源都是创业资源，因为只有创业者可以利用的资源才是创业资源。例如，一座无人开采的价值巨大的矿山是一种商业资源，但该矿山不一定是创业资源，因为创业活动多数具有轻资产、小团队的特征，创业者一般没有能力通过开发一座价值连城的矿山而开始创业。

创业资源更多表现为无形资源，一般商业资源则更多表现为有形资源。创业资源的独特性更强，创业者的个人能力和社会网络资源是其中最为关键的因素；一般商业资源中，规范的管理和制度则是企业取得成功的基础资源。

探索活动

创业资源知多少

活动目的：

熟悉创业所需的各种资源，掌握获取创业资源的途径和方法。

活动内容：

假设你即将毕业，且准备毕业后自主创业。请根据你选择的创业项目，分析以下问题：

（1）写出创业所需要的资源和需要继续获取的资源。

（2）写出你准备获取资源的途径和方法。

（3）估算创业所需要的资金。

能力训练

1. 实地调查一家创业企业，了解其创业过程中所需要的资源种类及其获取方式和技巧；了解其创业所需的资金数额及其资金来源；分析其融资方式的利弊，以及对你的启示。

2. 了解一个创业失败的案例，分析创业者失败的原因，重点分析在创业资源方面导致其失败的因素。

模块四

创业计划书

引导案例

校园餐厅创业计划书

摘 要

如今，人们的生活水平不断提高，对于学生来说，健康营养、价格适中的饮食才是他们所需要的。学校食堂都是大锅菜，价格较低，但很少能真正让学生喜爱。因此，在学校附近办一个以学生为消费群体的餐厅是我的创业目标。

一、项目概况

（1）项目名称：樱兰餐厅。

（2）项目内容：提供早餐、午餐、晚餐、特色冷饮和休闲餐饮。

（3）经营宗旨：绿色食品，健康营养，价格公道，特色鲜明，服务学生。

二、市场分析与餐厅定位

随着生活水平的不断提高，人们开始追求干净卫生、有特色的餐饮，而本餐厅就是在此基础上开办的。

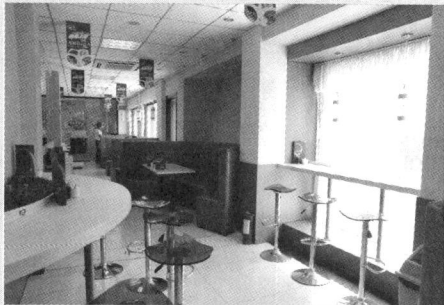

1. 学校食堂的优点与不足

众所周知，学校食堂的饭菜普遍价格低廉，但质量不高，仅仅解决了学生们的温饱问题。因此，如果能有一家具备如下条件的餐厅出现，相信定会受到学生们的欢迎：

（1）距离学校很近。

（2）就餐环境干净卫生。

（3）饭菜可口，营养丰富。

（4）价格适中。

2. 主要竞争对手——哈哈餐厅

优势：开办时间较长，有固定客流，午餐、晚餐有特色，人气较高。

主要问题：饮食种类几乎没有变化，消费者毫无新鲜感；因为生意较为火爆，整体价格有所上调，学生逐渐心生不满。

三、开办流程

（1）筹措资金40万元，其中，家人资助30万元，贷款10万元。

（2）租用场地，签订租赁合同。

（3）装修餐厅，装修风格应简朴、自然，并富有现代气息。墙面采用偏淡的暖色调，厨房布置合理精致，采光性好，整体感观介于家庭厨房与酒店厨房之间。

（4）采购厨房设备、桌椅、碗筷等餐饮用品。

（5）申办营业执照、卫生许可证、物价审批、环保审批、消防审批、市容审批、酒类经营许可证、税务登记证等。

（6）刻章、银行开户。

（7）招聘厨师、杂工等，签订合同。

（8）联系原材料供应商，与之签订供应合同。

（9）聘用勤工俭学的学生为服务员，谈好薪资、工作时间、工作内容，签订劳动合同。

（10）在各学校进行宣传，正式开张营业。

四、营销策略

1. 开业初期的营销策略

（1）在附近学校进行宣传，宣传的重点如下：

① 菜品丰富，口味独特，味道鲜美，让您大饱口福。

② 绿色食品，营养丰富，纯天然，无污染。

③ 提供丰富的冷热饮，免费提供茶水。

④ 环境优雅，干净卫生，适合休闲。

⑤ 好吃不贵，价格公道。

⑥ 微笑服务，让您宾至如归。

（2）通过菜品打折、推出特价菜、赠送饮料等优惠措施吸引学生前来就餐。

2. 开业后的营销策略

（1）不定期地推出一些特色菜品，让顾客常吃常新，从而不断刺激顾客的消费欲。

（2）在五一、国庆节、情人节、圣诞节等节假日开展有针对性的促销活动。例如，在情人节推出优惠价情人套餐。

（3）以优惠价帮助学生举办生日宴、班级宴等。

（4）逐步打造若干招牌菜，使其成为餐厅的名片。

（5）密切关注学生的消费动态，如学生的口味变化、消费习惯变化等，使餐厅能紧跟时代潮流。

（6）密切关注各学校的动态，不断寻找一些包餐、送餐机会。

五、人员配备及各岗位职责

1. 餐厅经营者职责

（1）拥有餐厅的决策权，对餐厅成员有聘用和解雇的权力。

（2）确定餐厅员工的薪资，安排员工的休假时间。

（3）监督员工的工作态度，有奖有惩。

（4）鼓励员工爱岗敬业，使整个团队充满活力。

（5）收集顾客意见，不断改进菜品质量，增强菜品特色；不断改进员工的服务态度，强化员工的服务意识；不断改进餐厅的经营管理方式，使餐厅保持活力、凝聚力和向心力。

（6）管理餐厅财产，掌握和控制各种物品的使用情况。

（7）及时处理经营过程中出现的各种问题。

2. 厨师职责

（1）制作每日早餐、午餐和晚餐。

（2）遵守作息时间，准时开餐，不擅离职守。

（3）遵守安全操作流程，合理使用原材料，节约水、电、燃气。

（4）注意个人卫生，工作时间不抽烟，安全烹饪。

（5）努力开发特色饮食。

3. 服务员职责

（1）微笑服务，礼貌待人。

（2）每日营业前整理好桌椅、餐布，搞好餐厅卫生，准备好各种用品，确保餐厅正常营业。

（3）及时安排客人入座，主动介绍本餐厅的特色饮食。

（4）礼貌待人，对客人提出的非私人问题有问必答。随时留意客人情况，为客人提供周到的服务。

（5）客人离开后，注意是否有遗留物，若有，速交柜台，然后迅速整理餐桌，做好下一批客人到来之前的准备。

（6）下班前检查工作区域是否关灯、关窗，电源是否切断，确保餐厅安全。

六、市场进程及目标

（1）半年。

吸引顾客前来就餐，努力在半年内收回初期投资。提升知名度、美誉度，积极进行市场调研，努力开发新的饮食产品，为餐厅的进一步发展积蓄资本。

（2）两年。

进一步健全餐厅的经营管理制度，确定自己的特色菜及特色服务，相继推出各类活动，使餐厅运营状况逐步稳定。

（3）5年。

扩大经营规模，并慢慢打造自己的品牌。

七、财务计划

1. 现金流量表

（1）初始阶段的成本主要包括：3个月房租与1个月押金，共80 000元（20 000元/月）；房屋装修费用80 000元；厨房用具及就餐桌椅等购置费用20 000元。

（2）运营阶段的成本主要包括：员工工资、食材采购费、房租、税费、水电燃气费、杂项开支等，估计每月需支出63 000元。

（3）剩余资金作为预备金，以应对开业前期客人较少的情况和其他突发情况。

2. 预计损益表（主营业务收入）

根据调查，可大致估算出每日营业额约为3 000元，按收益率30%计算，每日纯利润约为900元，则每月纯利润约为27 000元。由此可计算出投资回收期约为6个月。

八、风险及对策

1. 资金方面

为防止资金回收较慢、资金链发生断裂，需要留有一定的备用金。

2. 资源方面

本餐厅的原料以果蔬、豆类、菌类为主，是当今最受欢迎的绿色食品，因此，要与原材料供应商建立长期友好的合作关系。

3. 经营方面

顾客可能对餐厅的饮食感到厌倦，对餐厅一成不变的风格感到无趣，为此，要适时地改变菜式和装修风格。

4. 管理方面

（1）对餐厅的特色菜有一定的了解，并适时地请厨师开发其他特色菜。

（2）与厨师和服务员建立良好关系，尽可能给予较高的报酬，适时听取他们的意见，不断改进自己的管理方式。

知识链接

一、创业计划书的概念

创业计划书又称商业计划书，是指创业者就某一具有市场前景的新产品或服务向投资者游说，以获得投资的商业可行性报告。

创业计划书是创业者叩响投资者大门的"敲门砖"，是创业者计划创立的业务的书面摘要，一份优秀的创业计划书往往会使创业者达到事半功倍的效果。

二、创业计划书的作用

一份高质量的商业计划书，往往能赢得投资者的关注，还能有效地帮助创业者理清未来的经营发展思路。可以说，商业计划书在创业的整个过程中发挥着巨大的作用，不容忽视。

（一）是创业者把握企业发展的总纲领

创业者通过制作商业计划书，能够明确创业方向、理清创业思路。商业计划书的写作是一个长期的过程，创业者需要根据企业的实际情况不断地调整和完善。在这一过程中，创业者或者改变销售策略，或者更新经营思路，或者认识到某一方面的错误与不足，甚至改变了总目标下的某一分目标，这些都有利于企业的良性发展。总之，对创业者来说，商业计划书无异于总纲领和总路线。

（二）是创业团队及合作者共同奋斗的动力

创业企业的预期目标、战略、进度安排、团队管理等方面都是创业者理想的具体化图景，是创业团队奋斗的动力。明确、具体的创业计划有助于团队统一思想和路线。商业计划书是合作者的"兴奋剂"，能让创业者及其合作者紧密团结在一起，同甘共苦，打拼未来；商业计划书还是亲缘纽带的"黏合剂"，因为优秀的商业计划书可以让创业者赢得亲友的信任与支持，坚定创业者对创业的信心与勇气。

（三）是投资者决定是否投资的重要参考

一份完备的商业计划书往往包含了投资者所需要的信息，如：创业企业的现实业绩和发展远景，市场竞争力和优劣势，企业资金需求现状和偿还能力，以及创业者及其团队的能力和阵容等。这些都是投资者关心的重点，可以作为投资者是否对创业企业进行投资的重要参考。

（四）为企业经营活动提供依据与支撑

商业计划书的主要构思围绕企业，主要内容更是离不开企业，诸如资金规划、财务预算、产品开发、投资回收、风险评估等，所有内容都与企业目标及发展战略休戚相关。因此，商业计划书是企业经营活动的有力依据和有效支撑，对创业行动具有指导意义。

案例阅读

王杰毕业后经过多年研究，在利用太阳能方面取得了重大突破。如果这项技术在实际中应用的话，前景会非常广阔。于是，王杰辞掉了原来的工作，准备创业。注册公司后，所有资金全部用尽，他已经无力再招聘员工、准备实验材料了，于是他想到了风险投资，希望通过引入合作伙伴来解决资金困难。为此，他多次与一些风险投资机构或者个人投资者洽谈。虽然王杰反复强调他的技术非常先进，并保证投资他的公司将会获得很大的回报，但总是难以让对方相信。

后来，一位做咨询管理的朋友提醒王杰，由于他的技术很少有人懂，而且没有创业计划书，所以没有人相信他。于是，在咨询相关专家并查阅大量资料后，王杰开始从公司的经营宗旨、战略目标出发，对公司的技术、产品、市场销售、资金需求、财务指标、投资收益、投资者退出等方面进行分析和论证，在这个过程中，他还经常通过市场调查来获取资料。一个多月后，他拿出了一份创业计划书初稿，在经过几位专家的指点后，他又对创业计划书进行了完善。凭着这份创业计划书，他很快与一家风险投资公司达成了投资协议，获得了资金支持，员工招聘问题也迎刃而解。如今，他的公司经营得红红火火。谈到经验，他说创业计划书不仅仅是写一篇文章，其编制的过程就是不断理清创业思路的过程，只有创业者自己的思路清楚了，才能让投资者、员工相信你。

点评：王杰拥有技术，其创业优势非常明显。但是，当他希望获得他人的风险投资时，由于没有一份像样的创业计划书，投资者无法了解其创业项目的前景和可行性如何，因而拒绝投资。对于很多创业者来说，一份具有可行性的创业计划书是融资的前提。所以，创业者应重视创业计划书的撰写。

三、创业计划书的基本结构

一份完整的创业计划书由封面、目录、正文和附录四部分组成。

（一）封面

封面也称标题页，可以放一张企业的项目或产品彩图或企业 logo，但需留出足够的版面排列以下内容：创业计划书编号、标题、企业名称、项目名称、联系人及联系方式、公司主页、日期等。其中，标题明确了创业项目的名称，体现了创业企业的经营范围，一般在封面以醒目的字体标示出来，如《××创业计划书》。

（二）目录

目录是正文的索引，需要按照章节顺序逐一排列每章大标题、每节小标题及章节对应的页码。初步写完创业计划书后，要注意确认目录页码与内容的一致性。

（三）正文

正文是创业计划书的主要内容，包括摘要、主体和结论三大部分。

1. 摘要

摘要是企业的基本情况、竞争能力、市场地位、营销战略、管理策略，以及创业项目的投资前景及风险预测等方面的综合概述。摘要既是创业计划书的引文，可以引起读者的阅读兴趣；又是创业计划书的总纲，可以提纲挈领，让读者对创业计划书的内容有一个整体认知。因此，摘要是整个计划书的精华和亮点，也是整个计划书的灵魂。

创业计划书怎么写

摘要是对整个创业计划书做出的精华式的总结，所以通常在计划书的主体完成后编写。一份出色的摘要需要简短而精炼，1～2 页纸即可。

2. 主体

主体是对摘要的具体展开，一般采用章节式、标题式的方式逐一描述。主体的内容具体包括企业介绍、市场分析、产品（服务）介绍、组织结构介绍、前景预测、营销策略描述、生产计划展示、财务规划和风险分析等。只要执笔者能够条分缕析，可以自行调整各章节的具体顺序。

3. 结论

结论是对整个创业计划书内容的总结式概括。它和摘要首尾呼应，体现了创业计划书的完整性。

（四）附录

附录是对主体部分的补充。受篇幅限制，不宜在主体部分过多描述的，或需要提供参考资料、数据的内容，一般放在附录部分，以供参考。

创业计划书的附录一般包括企业营业执照、审计报告、相关数据统计、财务报表、新产品鉴定结果、商业信函、合同、相关荣誉证书等。

四、创业计划书具体内容的编写

（一）封面设计

封面是创业计划书的脸面，因此一定要有独特的风格。创业计划书的封面重在设计，要求设计者要有一定的审美能力和艺术天赋。封面一般以简约、明确为主，忌晦涩、怪异。例如，图 3-4-1 所示的封面既突出了创业项目，又具有一定的艺术性，能使阅读者形成良好的第一印象。

图 3-4-1 创业计划书封面

（二）企业介绍

企业介绍如同自我介绍，目的就是让投资者认识该企业。企业介绍中会涉及企业的基本概况（名称、组织形式、注册地址、联系方式等）、发展历史与现状、所提供的产品或服务的竞争力、未来的发展规划和目标等。其中，企业目标在创业计划书中是亮点所在，因此必须写好。

（三）市场分析

市场分析在整个创业计划书中起着举足轻重的作用，主要包括目标市场分析、行业分析、竞争对手分析等内容。

1. 目标市场分析

目标市场由著名的市场营销学者麦卡锡提出。他认为应当按消费者的特征把整个潜在市场分成若干部分，根据产品本身的特性选定其中部分消费者作为一个特定的群体，这一群体称为目标市场。例如，对手机消费群体的分析如下：高端人士青睐外观精巧、质量上乘、功能先进的手机，商务人士喜欢具有多样化的商务功能的手机，学生一族追求时尚型手机，而普通百姓则以结实耐用的手机为首选。

对目标市场的分析，应从以下几个方面入手：

（1）你的细分市场是什么？

（2）你所拥有的市场有多大？

（3）你的市场份额是多少？

（4）你的目标顾客群是哪些或哪类人？

（5）你的五年生产计划、收入和利润是多少？

（6）你的营销策略是什么？

详细的目标市场分析能够促进投资者判断企业目标的合理程度，以及他们所承担的风险的大小。在对目标市场的分析中，创业者需要表明企业处于发展前景非常广阔的市场中，并有足够的能力应对来自各方面的竞争。

2. 行业分析

行业是企业要进入的市场。在创业计划书中，创业者要分析所在行业的市场全貌及关键性的影响因素。行业分析需要从以下几个方面来进行：

（1）该行业的现状，如处于萌芽期还是成熟期、发展到了何种程度、总收益如何等。

（2）该行业的发展趋势，即未来走向如何。

（3）该行业的影响因素，如国家的政策导向、社会文化环境、竞争者的现状、行业壁垒等。

（4）该行业市场上的所有经济主体概况，如竞争者、消费者、供应商、分销商等。

在进行行业分析时，创业者应该准确把握所选行业的基本特点、竞争状况及未来发展趋势，这样才能了解行业发展规律，认清行业发展方向，确立企业发展目标。

3. 竞争对手分析

如何打败竞争对手，如何在竞争中胜出，是每个创业者都需要考虑的问题。信息搜集是进行竞争对手分析的前提。企业内部信息库、传统媒体、互联网、商业数据库、咨询机构、服务机构、人际关系网络等都是搜集竞争对手信息的重要途径。创业者只有获得竞争对手的基本情况、产品情况、营销策略、商业信誉等信息，并做好相关准备工作，编写创业计划书时才会有据可循、表述充分。进行竞争对手分析时，应该从以下几个方面入手：

（1）你的竞争对手有哪些？你的主要竞争对手有哪些？你最大的竞争对手是谁？

（2）你的竞争对手的优势在哪里？有什么新动向？

（3）竞争中你具备哪些优势和劣势？优势如何发扬，劣势如何消除？

（4）你能否承受竞争所带来的压力？

（5）你将采取哪些策略战胜竞争对手？

（四）产品（服务）介绍

在进行投资项目评估时，投资人最关心的问题就是企业的产品（服务）能否及在多大程度上解决现实生活中的问题，或者企业的产品（服务）能否帮助顾客节约开支、增加收入。因此，产品（服务）介绍是创业计划书中必不可少的一项内容。

产品介绍包括产品的名称、特性、市场竞争力、研发过程、品牌、专利、市场前景等。其中，产品特性是同类产品之间相互区别的标志，所以创业者一定要用通俗易懂的语言表述出自己的产品或服务与同类产品或服务相比有哪些独特之处。如果产品还在设计之中，最好提供相应的设计方案并证明自己的生产能力；如果产品已经生产出来了，就要附上产品介绍及图片。

在产品（服务）介绍部分，通常要回答以下问题：

（1）顾客希望从企业的产品或服务中得到什么？

（2）与竞争对手相比，企业提供的产品或服务有哪些优势与劣势？企业采取哪些方法取长补短？

（3）企业拥有哪些专利与许可？企业为自己的产品采取了哪些保护措施？

（4）企业对新产品或服务有何规划？

（5）企业的产品或服务定价为何能给企业带来长效利润？

（6）该产品或服务如何拥有稳定的顾客群？顾客群一旦缺失，企业该如何应对？

需要注意的是，任何一个创业者在创业之初都会对自己提供的产品或服务充满信心，因此在创业计划书中难免会有许多赞美之词。但是，企业的种种承诺都是应该兑现的，因此，对产品或服务的介绍一定要实事求是，不能夸夸其谈。

（五）人员及组织结构说明

企业管理的好坏直接决定了企业经营风险的大小，而高素质的管理人员和良好的组织结构则是管理好企业的重要保证。因此，风险投资者会特别注重对企业管理人员及组织结构的评估。

1. 主要管理人员介绍

主要管理人员一般是董事会成员及主要营销人员。董事会成员决定企业的发展，营销人员关乎企业的效益，因此，有必要介绍他们的详细经历和背景，以及他们的职责和能力。具体来讲，主要管理人员介绍包括个人基本信息（姓名、年龄、政治面貌等）、受教育程度、主要经历、道德素养和综合素质。

在介绍过程中，要重点描述主要管理人员的才能和职责。这些人员如同领头奔跑的骏马，起着带队引领、示范表率的作用。创业管理团队的高效率能激发投资者的信心，因此，一方面，创业者需要建立起一个团结向上、责权明晰的团队；另一方面，在创业计划书的写作中要凸显团队风采。

2. 组织结构介绍

组织结构即企业管理架构。创业企业的组织结构相对比较简单，关键要分工明确、各司其职。此部分内容具体包括：企业的组织结构图；各部门的功能与职责；各部门的负责人及主要成员；企业的报酬体系；企业的股东名单、董事会成员、各位董事的背景资料等。

（六）市场预测

市场预测就是运用科学的方法，对影响市场供求变化的诸多因素进行调查研究，分析和预测其发展趋势，以掌握市场供求变化的规律，为经营决策提供可靠的基础。当企业要开发一种新产品或向新的市场扩展时，首先就要进行市场预测。如果预测的结果不乐观，或者预测的可信度让人怀疑，那么投资者就要承担更大的风险，这对多数风险投资者来说都是不可接受的。

首先，创业者要对需求进行预测。例如，市场是否存在对这种产品的需求？需求程度是否可以给企业带来所期望的利益？新的市场规模有多大？需求发展的未来趋势如何？有哪些因素会影响需求？其次，市场预测还要包括对市场竞争情况——企业所面对的竞争格局进行分析。例如，市场中主要有哪些竞争者？本企业预计的市场占有率是多少？本企业进入市场会引起竞争者怎样的反应，这些反应对企业会有什么影响？

在创业计划书中，市场预测应包括市场现状综述、市场需求预测、竞争厂商概览、目标顾客和目标市场、本企业产品的市场地位等。创业者对市场的预测应建立在严密、科学的市场调查基础上。企业所面对的市场具有变幻不定、难以捉摸的特点，因此，创业者应尽量扩大信息收集的范围，重视对环境的预测并采用科学的预测手段和方法。

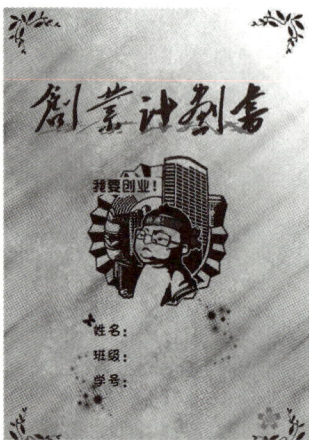

（七）营销策略叙述

营销是企业经营中最富挑战性的环节，影响营销策略的主要因素有消费者的特点、产品的特性、企业自身的状况、市场环境等。

在创业计划书中，营销策略应包括市场机构和营销渠道的选择、营销队伍建设和管理、促销计划和广告策略、价格策略等。对于创业企业来说，由于产品和企业的知名度低，很难进入其他企业已经稳定的销售渠道中去。因此，企业不得不暂时采取高成本、低效益的营销策略，如上门推销、向批发商和零售商让利等。

（八）生产计划说明

在这一部分，创业者应该明确业务流程。在业务流程中，创业者一定要明确其中的关键环节，要写明企业的基本运营周期及间隔时间，更要将季节性生产任务和生产中可能遇到的问题及解决方案解释清楚。

具体来说，创业计划书中的生产计划应包括以下内容：厂房基本情况，包括地址、基础设施和基本配置情况；产品制造和技术设备现状；生产流程及关键环节介绍；新产品投产计划；生产经营成本分析；质量控制和改进计划。

（九）财务规划描述

一份好的财务规划可以帮助企业降低经营风险，增强企业的评估价值，提高企业获得资金的可能性。如果说创业计划书是创业者在筹资过程中所做事情的整体概括，那么财务规划就是创业计划书的臂膀，可以为创业计划书提供有力的支撑。财务规划一般包括以下内容。

1. 历史经营状况数据

这里针对的是既有企业，初创企业不会涉及此类问题。企业在过去几年的经营状况是未来发展的重要参考，投资者会以此作为决策的重要依据。创业者应提供过去3年的现金流量表、资产负债表和损益表。其中，现金流量表是企业的生命线，企业无论在初创期还是扩张期，都要制订流动资金的使用计划并在使用中进行严格控制；资产负债表反映企业在某一时刻的状况，是投资者用来衡量企业经营状况及投资回报率的依据；损益表是企业盈利状况的写照，反映企业在运作一段时间后的经营成果。

2. 未来财务整体规划

未来的财务规划是建立在生产计划和营销计划基础之上的。严格来说，创业计划书中的前述内容都可作为企业制定未来财务规划的依据。有理有据，有适当的假设，是做好财务规划的前提。创业者要做的工作是：列出未来 3~5 年的生产运营费用和收入状况，将具体财务状况以财务报表的形式展示出来。

要写好财务规划，创业者必须要回答以下问题：

（1）单件产品的生产成本是多少？利润是多少？

（2）产品定价是多少？在固定时间段内产品的销售量有多少？

（3）雇佣哪些人生产、加工、销售产品？工资预算是多少？

（十）风险分析

没有风险分析的创业计划书是不完美的，因为创业本身就具有一定的冒险性，创业过程中的风险也通常会让人始料不及。风险分析不仅能减轻投资者的疑虑，让他们对企业有全方位的了解，更能体现管理团队对市场的洞察力和解决问题的能力。在这一部分，创业者可以从以下几个方面进行阐述。

创业的风险到底有多高

1. 市场风险

市场风险包括生产中可能遇到的问题，销售者未知的因素，竞争中难以预料的风险，顾客的不同需求与反馈等。

2. 技术风险

技术风险主要是技术研发中的困境，如技术力量不够强大、研发资金短缺、研发不到位、员工经验不足等。

3. 资金风险

创业者需要阐明可能出现的资金周转不畅和资金断流等问题，也要讲明万一企业遭遇清算的后果，以及遭遇清算后有无偿还资金的能力。

4. 管理风险

创业者不能刻意隐瞒管理方面的缺陷和漏洞，要实事求是，如实反映情况，诸如人手不足、经验欠缺、资源匮乏等。

5. 其他风险

企业的其他风险有很多，如政策的不确定性、经营中的突发状况、财务上的不确定因素等，都可以归入此类。

拓展延伸

周鸿祎：教你打造十页完美的商业计划书

第一页，简单说明目前市场中存在的一个空白点或者一个问题，以及这个问题的严重程度。例如，现在网游市场里盗号严重，你有一个产品能解决这个问题，一句话说清楚就可以。

第二页，说明你有什么解决方案或者什么样的产品能够解决这个问题，包括你的方案或者产品是什么，它具有哪些功能。

第三页，说明你的产品将面对哪些用户群。

第四页，说明你的核心竞争力。

第五页，预测产品市场的未来发展。

第六页，说明如何盈利。如果没有具体想法也可以不写，但要说明该产品或服务的价值。

第七页，对该行业进行分析，内容要贴合现状，不能夸大其词。

第八页，突出自己的亮点。新产品肯定有很多不足，着重说明你的优点在哪里。

第九页，简单进行短期的财务分析。

第十页，介绍一下自己团队成员的优秀之处，以及自己做过什么有意义的事情。

探索活动

起草创业计划书

活动目的：

培养学生撰写创业计划书的能力。

活动内容：

确定创业项目，编写创业计划书。具体实施步骤如下：

（1）将全班学生分成若干小组，每组4～6人，设组长一名。

（2）以小组为单位，寻找与自己所学专业相关的创业项目，或者从自己生活的环境中寻找创业项目。组长负责创业项目的最终确定。

（3）从网上搜索几篇优秀的创业计划书作为参考。

（4）各小组成员讨论创业计划书的基本结构，组长负责最后敲定。

（5）组长对小组成员进行分工，每个成员编写创业计划书的一部分或几部分，最后由组长进行统稿并修改。

（6）每组派一名代表，以PPT的形式展示本小组撰写的创业计划书。

活动评价：

活动结束后，教师可根据表 3-4-1 进行评分。

表 3-4-1　起草创业计划书评价表

评分标准	满分	实际得分	备注
所选创业项目具有可行性与典型性	20		
所写的商业计划书具有可参考性	20		
小组成员分工合理、明确	20		
编写过程中能团结协作	20		
计划书结构完整、内容丰富	20		
总分	100		

能力训练

1. 你目前有写创业计划书的打算吗？为什么？
2. 在网上搜索三份创业计划书，并对其进行分析。

参考文献

[1] 李家华. 创业基础 [M]. 北京：北京师范大学出版社，2013.

[2] 李时椿，常建坤. 创新与创业管理：过程·实践·技能 [M]. 南京：南京大学出版社，2011.

[3] 吴晓义. 创业基础：理论、案例与实训 [M]. 北京：中国人民大学出版社，2014.

[4] 杨敏. 创新与创业指导 [M]. 杭州：浙江大学出版社，2011.

[5] 张再生. 职业生涯规划. 5版 [M]. 天津：天津大学出版社，2014.

[6] 苏文平. 职业生涯规划与就业创业指导 [M]. 北京：中国人民大学出版社，2016.

[7] 谭禾丰. 职业生涯规划与就业指导 [M]. 北京：机械工业出版社，2016.

[8] 葛玉辉. 职业生涯规划与管理 [M]. 北京：清华大学出版社，2014.

[9] 何小姬. 就业指导——理论、案例与实训 [M]. 北京：中国人民大学出版社，2015.

[10] 王瑛. 职业发展与就业指导 [M]. 北京：高等教育出版社，2017.

[11] 孙洪义. 创新创业基础 [M]. 北京：机械工业出版社，2016.

[12] 张玉利. 创新与创业基础 [M]. 北京：高等教育出版社，2017.